L'utopico e il mostruoso. Romero, Herzog, Dick, Nagai, Zappa

© 2011 Lulu Press, Inc.
Raleigh, North Carolina, United States.

ISBN: 978-1-4478-7254-2

In copertina un disegno di Gabriele Marino.

Marco Maurizi

L'utopico e il mostruoso

Romero, Herzog, Dick, Nagai, Zappa

Lulu

A Daniele Timpano e a tutti coloro
che scelgono di non diventare adulti
senza restare infantili.

INDICE

Introduzione

I saggi raccolti in questo volume ruotano attorno all'idea che la mostruosità sia l'altra faccia dell'utopia. Se la bellezza non può essere disgiunta dal marchio dell'oppressione e del dolore, la deformità diviene la precognizione estetica dell'idea di conciliazione: il *monstrum* riacquista qui il senso originario che fonde in un'unica espressione la "meraviglia" e la "forma orribile". La mostruosità è, in tal senso, un esempio di ciò che Adorno chiamava *logica della disgregazione*: un modo di dare un nome al nuovo, al mai visto-udito-toccato. La sovversione dell'ordine trova la propria espressione solo nella forma aperta: le mutazioni zappiane e dickiane, gli zombi di Romero e le creature cibernetiche di Nagai si fanno così espressione paradossale di una redenzione possibile della natura (umana e non-umana).

Il tentativo teorico di decifrare la cultura pop messo qui in campo si abbevera della tradizione del pensiero dialettico e fa proprie le esperienze cruciali dell'estetica modernista, nella convinzione che ciò che viene comunemente suddiviso in *high* e *low art*, costituisca un fenomeno unitario che solo alla luce delle dinamiche sociali e politiche può essere compreso nella sua totalità.

Il libro spera di contribuire ad un'interpretazione materialistica della cultura. Non si troveranno in questo testo definizioni e contributi teorici per così dire "puri" all'elaborazione di un'estetica materialista. Chi cercasse una tale fondazione cercherebbe invano: un pensiero del mostruoso aborre quella purezza come la luce che dissolve il vampiro. Ma non si tratta di una predilezione per l'oscuro e il notturno, per l'indistinto in cui tutte le vacche sono nere. Laddove, infatti, la purezza assume essa stessa l'aspetto del mostruoso merita di essere accolta nell'orizzonte di senso della ricerca. Un'estetica materialista, tuttavia, non può – per definizione – ridursi a formalizzazioni e generalizzazioni, bensì ha bisogno di afferrare il particolare e può dunque "fondarsi" solo *a posteriori*. Si troverà dunque giustificazione teorica solo nelle singole analisi che non sono meri "esempi" di una *Weltanschauung* imposta loro dall'alto. Al contrario: è l'*esperienza* stessa che l'opera di questi autori ha prodotto in chi scrive ad aver attivato e contribuito ad elaborare la "sua" prospettiva filosofica.

Uno dei temi che fanno da sfondo al libro è la polemica contro l'interpretazione corrente della Scuola di Francoforte e la sua critica dell'industria culturale. Si tende infatti a considerare Adorno lo spettatore attonito e un po' snob del disfacimento della cultura, incapace di comprendere i "fermenti" e le "novità" della cultura di massa. I saggi qui presentati dovrebbero mostrare invece come le intuizioni adorniane siano essenziali per comprendere questa cultura nel suo rapporto con la società capitalista e svelarne il contenuto utopico latente. Alla luce della critica della civiltà proposta da Adorno e Horkheimer nella *Dialettica dell'illuminismo* figure pop apparentemente triviali come i robot di Nagai o gli zombi di Romero vengono posti in una luce nuova che permette di svelarne le articolazioni interne e di sottrarli alla mummificazione impolitica cui li costringono i *cultural studies*. Queste letture mostrano come i mostri e le macchine sono connessi ai processi di riproduzione della società stessa e che non possono perciò essere compresi *soggettivamente* – cioè dal "punto di vista" dell'autore o del fruitore – bensì *oggettivamente*. Tale oggettività va concepita in due modi distinti ma connessi tra loro: come oggettività *sociale* (le opere come momenti di una totalità che le attraversa: la società in senso eminente) e come oggettività *artistica* (le opere come luoghi in cui vige una legalità interna apparentemente estranea alla razionalità sociale: l'arte in senso eminente). È chiaro, da quanto si è appena detto, che l'opposizione interno/esterno è qui messo in questione non per far strada ad una piatta sociologia dell'arte, ma per mostrare come la società stessa sia comprensibile solo *a partire dall'interno delle opere d'arte*.

Ciò che l'autore spera possa emergere dalla lettura critica delle opere di Zappa, Nagai, Dick e Romero è una tesi in realtà semplice nella sua formulazione, seppure spesso soggetta a semplificazioni che ne manomettono il contenuto di verità: che la fantasia sia cioè un modo per vedere il mondo *come è*.

"Giusto in caso la società dovesse crollare"
Su George A. Romero

C'è una potente necessità storica all'origine di *Night of the Living Dead*. Questa necessità, sedimentandosi nella sua forma, ne ha al tempo stesso segnato l'inevitabile successo. Solo cogliendo in tutta la sua portata tale necessità è possibile comprendere la forza stilistica dell'orrore in Romero e spiegarne l'elevazione ad oggetto di culto. La prima opera di Romero, che già testimonia di tutto il disperato fatalismo delle successive, si trova all'incrocio di tendenze epocali altrettanto fatali e necessitanti dal punto di vista della storia della cultura e della civiltà; di queste, tuttavia, riesce a farsi veicolo espressivo, invece che farsene schiacciare come solitamente accade ai prodotti dell'industria culturale.

Lungi dall'essere un regista "di genere", Romero ha vissuto e tutt'ora vive del sogno di essere un "autore", un regista raffinato. Ciò che lo spinse a girare *Night of the Living Dead* fu l'urgenza di avere un successo commerciale dopo il fallimento al botteghino di un film pretenzioso dal titolo *Whine of the Fawn*.[1] Questa necessità soggettiva di vendere trova un facile sbocco in una necessità oggettiva, cioè nell'esistenza di un mercato come quello dell'orrore già ben predisposto e sensibile, in feroce attesa di novità. L'esistenza di un simile mercato testimonia della persistenza di un desiderio collettivo di sperimentare il mostruoso. Tale desiderio ha una duplice, schizofrenica funzione: anzitutto quella "fantastica", garantita e incoraggiata dall'industria cinematografica che da sempre predilige e mette in vendita la fuga dal reale; ma accanto/sotto a questa, è possibile percepire un disperato "realismo", l'esigenza di un'immersione nell'orrore che è celato dietro la realtà quotidiana e al suo doppio cinematografico. L'orrore ha sempre avuto una posizione eccentrica all'interno dell'industria dei divertimenti; la sua negatività testimonia del vago ma indistruttibile bisogno di verità da parte del pubblico di fronte alle menzogne che

---

[1] P. R. Gagne, *The Zombies That Ate Pittsburgh. The Films Of George A. Romero*, Dodd, Mead & Company, New York 1987, p. 23.

continuamente gli si propina. Per tutti coloro che non riescono a rinunciare al piacere pre-fabbricato dell'industria, questa esigenza di verità si manifesta in modo *sensibile* come autopunizione, piacere masochistico del vedersi inflitto lo spavento e il raccapriccio. Ma allo stesso tempo questo porta in sé, accanto al carattere regressivo, anche la ricerca di un accesso al reale al di là della finzione filmica; da notare che tale ricerca si esprime proprio attraverso l'estremizzazione della finzione stessa. Lo spettatore dell'horror si comporta inconsapevolmente in modo dialettico rispetto al dualismo finzione/realtà, suscita l'ultima attraverso la prima: una risposta nei confronti di un ambiente che, al contrario, assomiglia sempre più al mondo di *Time out of Joint* e *The Truman Show*. La schizofrenia, si dovrebbe perciò aggiungere, non è tanto dello spettatore quanto della realtà in cui vive, una realtà che esorcizza l'orrore pur non potendo fare in modo di annullarlo, di non farne percepire le tracce. "Avevano delle stanze sigillate al piano di sopra, fornite di materiali da difesa civile che avevano messo lì nell'eventualità di qualche disastro – ed è stato questo a darmi l'idea [...]. Voglio dire, mio dio, qui c'è questa cattedrale del consumismo ed è anche un rifugio antiatomico, giusto in caso la società dovesse crollare".[1] L'angoscia che ne deriva – la sensazione vaga ma terribile che in un certo modo i conti non tornano – non è una categoria esistenziale, *à la* Heidegger, ma qualcosa di ben determinabile da un punto di vista storico-sociologico.

Night of the Living Dead si inserisce in questo bisogno di orrore e sfrutta creativamente la propria carenza di mezzi, realizzando il detto spinoziano secondo cui la libertà è il riconoscimento della necessità. Romero fa in modo di dare al pubblico ciò che normalmente gli è negato – la visione pura e semplice dell'orrore – attraverso facili trucchi da macellaio: è la quadratura del cerchio. Il rifiuto di mettere in scena i "mostri di gomma" tipici del cinema fantastico dell'epoca, se è dovuto al budget limitato, spinge però anche per un maggior realismo, per una stilizzazione dell'orrore

---

[1] G. A. Romero, citato in Nicole Colson, "The new *Dawn* that doesn't measure up", *Socialist Worker*, April 2, 2004, p. 9.

che ne rivela involontariamente l'essenza specificamente sociale.[1] Laddove l'horror tradizionale mascherava la realtà per renderla mostruosa, Romero la spolpa fino all'osso e ne rivela l'essenza truce e stomachevole. La *semplificazione*, una semplificazione brutale e ossessiva, è la forza stilistica dell'orrore in Romero: se la morte è ciò che spaventa, Romero fa in modo che i morti portino la morte ai vivi. Nessun film horror potrebbe avere una trama più scarna di questa, privata, tra l'altro, di ogni elemento di mistero, di ogni fascinazione fantastica. Romero si sofferma con insistenza, al contrario, sulle conseguenze immediate e sugli aspetti più crudi della sua storia, proiettandola in una dimensione tutta umana, scevra di ogni risonanza metafisica.

Per non confondere il *gore* romeriano con la correttezza impolitica dello splatter anni '80, occorre riconoscere la determinatezza storica dell'estetica dello zombi. I morti viventi avevano un posto d'onore nell'immaginario hollywoodiano ben prima che Romero se ne impossessasse e li conducesse a nuova vita. La forza d'impatto di Romero fa tutt'uno con la sua valenza politica, una valenza che non si manifesta a livello immediatamente ideologico ma, appunto, visivo, estetico. La forza dirompente della violenza iperrealista, della massa che affolla lo schermo, della claustrofobia e dell'incombente catastrofe, distinguono il *grand guignol* romeriano sia dall'horror coevo che da quello successivo, in virtù della precisa determinatezza storico-politica che gli conferiscono. Auschwitz è il prototipo logico dell'annientamento e, al tempo stesso, il modello estetico del morto vivente. Senza Auschwitz e senza la presenza incombente e strisciante del suo orrore, gli zombi di Romero non sarebbero stati possibili. La trilogia si struttura attorno a questa logica dell'annientamento e si riveste dei suoi stracci e della sua pelle avvizzita.

Tom Savini, che ha curato gli effetti speciali di *Dawn of the Dead* e *Day of the Dead*, spiega la sua capacità di mostrare l'orrore come una conseguenza della sua esperienza di guerra in Vietnam: "Il mio lavoro consisteva nell'andare e fotografare i

---

[1] P. R. Gagne, *The Zombies That Ate Pittsburgh*, cit., ibid.

danni ai veicoli, agli elicotteri e roba del genere. E i corpi. Così ho visto molto *gore*, come veramente è. Chiunque può decapitare una testa di latex e metterci del sangue intorno per far sembrare come se un colpo di pistola l'abbia fatta saltare in aria. Ma c'è qualcosa che ti da una sensazione di nausea giù nello stomaco quando è una persona vera, uno che una volta era vivo. E non è solo il danno fisico è...talvolta è *l'espressione*, sai? La posizione del corpo. Cose che non potresti mai pianificare o inscenare. Spero di essere riuscito a mettere questo in quello che si vede nei miei effetti."[1]

Romero prende l'orrore direttamente dalla realtà e lo piazza al centro della civiltà occidentale, dove viene sistematicamente cancellato e nascosto. Proprio per questo l'effetto dei suoi film è tanto potente e aderisce alla realtà con una forza indelebile. È straordinario come Romero riesca a trasformare l'effetto a un tempo stesso narcotizzante e disciplinante del cinema sui sensi in un elemento di critica sociale. Recarsi in un supermercato *dopo* aver visto il film ha un effetto straniante. Si diventa immediatamente sensibili alla calca, all'abbuffata di merci etc. anche il gesto più semplice (un ragazzo che mangia avidamente un pezzo di pizza su una scala mobile) mostra un lato inquietante. Si è detto spesso che gli zombi di *Dawn of the Dead* rappresentano il "consumatore definitivo"[2], quello che va al supermercato per cibarsi di altri esseri umani, ma questa considerazione rimane molto sotto la superficie della critica politica di Romero. La verità è che già oggi il consumo di merci è, implicitamente, consumo di carne umana, lavoro, energia altrui.[3] Il capitalismo è cannibalismo istituzionalizzato.

---

[1] Intervista a Tom Savini, in P. R. Gagne, cit., p. 173
[2] Ibid.
[3] "Se si fa astrazione dalla determinatezza dell'attività produttiva e quindi dal carattere utile del lavoro, rimane in questo il fatto che è un *dispendio di forza-lavoro umana*. Sartoria e tessitura, benché siano attività produttive qualitativamente differenti, sono entrambe dispendio di cervello, muscoli, nervi, mani, ecc. *umani:* ed in questo senso sono entrambe *lavoro umano*. Sono soltanto due forme differenti di spendere forza-lavoro umana". K. Marx, *Il capitale*, Editori riuniti, Roma 1980, vol. I, part. I, cap. 1, sez. 2: "Il duplice carattere del lavoro incorporato nelle merci".

Il significato storico dell'uso della violenza in Romero è la profonda, per quanto intuitiva, percezione della decadenza della civiltà borghese che fa tutt'uno con la sua imperante massificazione, con l'impotenza del singolo di fronte alla macchina inarrestabile del capitalismo, pericolosamente proiettata verso l'autodistruzione. Tutta la forza distruttiva che viene messa platealmente in mostra nella trilogia ha questo carattere di *auto*distruzione, di disgregazione sociale. Ma non si tratta solo di una rappresentazione moraleggiante; il film cerca di portare a consapevolezza e di disarmare le tendenze inconsciamente autodistruttive indotte dall'industria cinematografica stessa. Lo stesso immaginario di morte assume una funzione parodistica: chiama per nome l'istinto di morte che agisce negli spettatori invece di venire a patti con esso. L'industria culturale ne fa regolarmente ma subdolamente uso, nascondendolo nei ritmi iterativi della sua musica o nella perenne seduzione senza coito di innumerevoli film e pubblicità; Romero mette in mostra *thanatos* senza alcuna censura e mostra al pubblico nudo e crudo il piacere sadomasochistico dell'antropofagia.

La denuncia romeriana visualizza dolorosamente lo spossessamento del corpo e l'addormentamento della coscienza e descrive il trionfo nelle moderne società di massa dell'istinto di morte sia a livello macroscopico che capillare. L'elemento visivo più estremo nella trilogia, non a caso il primo ad essere censurato assieme ai colpi di pistola esplosi contro le teste, è il *morso* dello

---

Cfr. K. Marx, *Per la critica dell'economia politica*, Editori riuniti, Roma 1979, il paragrafo sulla *merce*: "il lavoro, come si rappresenta in valori di scambio, potrebbe essere espresso come lavoro *generalmente umano*. Questa astrazione del lavoro generalmente umano *esiste* nel lavoro medio che ogni individuo medio può compiere in una data società, è un determinato dispendio produttivo di muscoli, nervi, cervello, ecc. umani", e F. Engels *Anti-Dühring*, Editori riuniti, Roma 1971[2,] II parte: Economia politica, IV. Teoria della violenza (conclusione): "potremmo dire che il lavoro salariato deve spiegarsi come la forma attenuata del cannibalismo, oggi universalmente considerato come la prima forma di impiego dei nemici vinti".

zombi, le carni strappate con violenza, il corpo lacerato in cui lo spettatore è spinto ad identificarsi. Romero fa letteralmente e anche visivamente a pezzi il soggetto; lo spettatore fa esperienza di questa condizione di dissoluzione e, per la prima volta, si sente totalmente deprivato della certezza del proprio corpo. Non va meglio all'interiorità dello spettatore, che è portato ad identificarsi con personaggi ormai venuti a patti con la brutalità e ridotti a stereotipi. Anche la piattezza psicologica dei personaggi – minore, comunque, che nei film di "genere" – è giustificata dalla condizione che devono affrontare: la stessa catastrofe funge da processo di selezione naturale che lascia sopravvivere solo dei *tough guys*. Questo processo di dissoluzione interiore è compiuto in *Day of the Dead*, non solo nelle figure stereotipate (i militari, lo scienziato pazzo), ma soprattutto in Miguel: un uomo a pezzi, che vive la frustrazione di essere più debole della propria donna e che alla fine sceglie nichilisticamente di portare alla morte sé e tutti i suoi compagni. Di fronte alla sua plausibile ma distruttiva "umanità", l'improbabile freddezza e la forza di Sarah, appaiono qualcosa di necessario e giustificato.

A partire da *Dawn of the Dead* Romero dipinge un gigantesco *comic*, dai colori grossolani e vivaci, facendo così il verso alla piattezza di Hollywood, assegnando ad essa una seconda vita. La catastrofe totale che viene messa in scena da Romero modifica infatti molti cliché dell'industria culturale. È senz'altro un paradosso che l'industria del divertimento possa mostrare e offrire come divertimento la distruzione del genere umano, ma un paradosso che l'industria ha imparato a sfruttare ai propri fini dai tempi di *Behemoth*. Non è tuttavia da sottovalutare ciò che allontana i film di Romero dal superomismo tradizionale americano: poiché qui la distruzione viene sventata ad opera di un singolo eroe, della felice collaborazione tra i popoli, della super-tecnologia o di un intervento sovrumano, la salvezza arriva con sospetta regolarità e non mette in questione lo spettatore; al massimo ne solletica, attraverso un buonismo di maniera, il senso di solidarietà. Si tratta di sogni che abbelliscono la realtà di buoni sentimenti. Il cupo pessimismo di Romero invece fa in modo che la realtà contagi il sogno. Egli offre allo sguardo dello spettatore la disperazione senza scampo della sua stessa miseria quotidiana proprio mentre gli promette un viaggio di fantasia.

Non a caso, mentre rovescia le leggi del sogno cinematografico, Romero utilizza e rovescia un tema classico di un altro tipo di sogno ad occhi aperti: l'oppio religioso e la sua speranza in una vita dopo la morte. Nella prima lettera ai Corinzi, Paolo scrive che Dio ha "posto ogni cosa sotto il suo piede" e "l'ultimo nemico che verrà sconfitto è la morte". Annuncia quindi la resurrezione dei corpi, benché chiarendo che a risorgere non sarà la debole carne terrena, bensì un corpo "celeste" e incorruttibile.[1] Il materialismo cristiano è, in questo senso, una truffa nei confronti del corpo e la sua carne è fatta di nuvole. Romero, educato al cattolicesimo, ne realizza il materialismo con zelo brutale, un'operazione che già Philip K. Dick aveva tentato nel suo romanzo del 1967 *Counterclock World*. Anche qui, come nei film di Romero, la promessa neotestamentaria della resurrezione della carne si avvera come beffa. Visto in questa luce, il celebre motto di *Dawn of the Dead* ("Quando all'inferno non c'è più posto i morti camminano sulla terra") suona decisamente sarcastico, quasi che l'*unico* al di là riservato all'umanità sia proprio quell'inferno da cui i morti vengono ora scacciati. L'umanità che ha "posto ogni cosa sotto il suo piede" e che si prepara a sconfiggere la morte tramite la biotecnologia si vede battuta sul tempo da quella: la morte promette un'immortalità immediata, per quanto truce e poco seducente. La resurrezione dei morti viventi nella trilogia di Romero è davvero una resurrezione dei corpi, ma di corpi pateticamente senz'anima, una resurrezione clamorosamente e anti-vitalisticamente *senza scopo*. Anche il destino degli zombi è, come quello delle loro vittime umane, tragicamente segnato: una volta annientata l'umanità, ad essi non resta che un miserabile e infinito vagabondaggio sulla terra.

La visione materialistica e anti-religiosa di Romero non intacca solo la dimensione escatologica e l'attesa della resurrezione, quanto mette in crisi la stessa origine del fenomeno religioso, in-

---

[1] *Corinzi I*, 15, 39 – 49.

taccandone un presupposto antropologico centrale: la sepoltura dei cadaveri. È significativo, come è stato sottolineato, che le prime tracce storiche di *autocoscienza* possano essere rivenute nel rapporto con la morte e, segnatamente, nelle operazioni di sepoltura, piuttosto che nelle attività manuali legate alla vita, alla quotidianità.[1] Già Vico aveva posto la cura dei morti come uno degli elementi caratterizzanti l'uomo all'interno dell'ordine naturale, facendo derivare dal verbo *humando* il termine *humanitas*.[2] Questa si realizza a partire da esigenze di natura pratica – la stessa organizzazione dello spazio sociale, dice Vico, è impensabile senza la cura dei cadaveri – quanto propriamente antropologica: non è possibile sottovalutare il ruolo della cancellazione dalla vista dei processi di putrefazione del corpo nel sorgere dell'illusione di una esistenza *post mortem*.[3] La pratica della sepoltura investe automaticamente il vivente di un significato metafisico. Una volta nascosta, la morte rende la vita autonoma, fondata in sé stessa. È solo a partire dal nascondimento della putrefazione che la vista della morte acquista un valore di shock agli occhi del vivente, testimoniando del suo limite. Solo allora la morte diviene un fenomeno, visto attraverso gli occhi di una vita che si definisce come *altro* da essa.

È significativo che in *Night of the Living Dead*, Barbara entri in uno stato catatonico non dopo essere stata assalita da uno zombi o aver visto morire il fratello, ma quando, rifugiatasi in casa, rimane scioccata dalla vista di un cadavere decomposto sulle scale. Nascondere la decomposizione della forma umana significa nascondere la morte come sostanza negativa della vita, come l'*apeiron* da cui ogni vita proviene e verso cui incessantemente procede.

Se la civiltà umana ha *inizio* con il seppellimento dei morti, con l'instaurazione di una pratica che lega la percezione del ciclo

---

[1] J. C. Eccles, *Il mistero dell'uomo*, Il saggiatore, Milano 1981, pp. 139-140.
[2] G. B. Vico, *La scienza nuova*, BUR, Milano 1996, p. 94.
[3] Ibid. p. 236.

vitale-biologico alla capacità di rielaborazione simbolica propria della nostra specie, la *fine* della civiltà non può che essere rappresentata che attraverso la rottura di questo legame. Non si seppelliscono più i morti, perché i morti tornano in vita, rovesciando l'ordine naturale degli eventi, e tornano per uccidere e mangiare i vivi.

Nell'olimpo mitologico della società borghese gli zombi rappresentano la nemesi di Kaspar Hauser e si trovano esattamente alla fine del percorso epocale inaugurato con l'umanesimo; Kaspar Hauser racchiude in sé il mitologema dell'individualità borghese, inseparabile dall'idea di uno stato di natura in cui domina una sorta di purezza, di originaria innocenza. Gli zombi rappresentano al meglio la dissoluzione del soggetto nel senso vero e proprio della decomposizione, della *décadence* irreversibile. I quattro protagonisti di *Dawn of the Dead*, nonostante la fuga, cercano di opporsi al disfacimento della società. Hanno ancora qualcosa di civile e vetero-borghese nel modo in cui cercano di far sopravvivere, all'interno dell'oasi artificiale che hanno creato, un ordine, una comunità in qualche modo ancora "umana". Quando Roger muore viene seppellito. Le razzie che compiono all'interno del supermercato, nel momento del loro temporaneo trionfo sugli zombi, sembrano poca e timida cosa di fronte alla violenza distruttrice dei motociclisti che invadono il loro "territorio" e mettono sottosopra ogni cosa. L'uomo non è mai definito da Romero a partire dalla propria biologia ma dal suo essere sociale. Certo, l'idea che si ricava, specialmente da *Dawn of the Dead* e *Day of the Dead*, è che questo essere sociale, se non fondamentalmente distopico e distruttivo, è caratterizzato da un'intrinseca lacerazione. È difficile per l'uomo riuscire a mantenere quell'unità e quella concordia che pure rappresenta non solo il suo specifico, ma anche la sua unica possibilità di salvezza.

L'emergere della dimensione sociale-collettiva è evidente anche da un punto di vista squisitamente cinematografico: Romero ha messo per la prima volta al centro della scena le masse in quanto masse. Non una semplice rappresentazione del "popolo" o della "folla" ma la massa in tutta la sua forza di inerzia, in tutto il suo puro orrore di massa.[1] L'operazione è quella di rovesciare verso l'interno, cioè verso lo stesso linguaggio cinematografico, la simbologia della massa. Romero rivela ciò che le masse di *Ben Hur* in realtà già erano, per quanto inconsapevolmente: cadaveri semoventi.

"Cadavere semovente", come "morto vivente" definisce la natura paradossale del fenomeno zombi. Esso rovescia completamente il modo di intendere la vita. "Anima" indica nella tradizione occidentale la forza agente che muove e dirige il corpo. Un corpo che si muove da sé, senza anima, una vita senza anima, cioè una vita senza vita, è una chiara *contradictio in adjecto*. Un paradosso che mostra come la realtà contraddica una sua convinzione millenaria. Ma per Romero non è importante nemmeno sapere se questa convinzione millenaria sia sempre stata illusoria o semplicemente non valga più per colpa di qualche catastrofe chimica o nucleare. Nemmeno la magia e il supernaturale lo interessano in quanto tali, in senso metafisico, ma solo da un punto di vista sociologico (come del resto già in *Jack's Wife* e *Martin*). Ed è questo elemento sociologico, piuttosto che quello banalmente politico, che conferisce ai suoi film la dimensione autoriale che il cinema "serio" vorrebbe negargli. La forza di Romero, come "autore", sta nella sua capacità di trascendere il genere: non però in senso "ironico" e postmoderno, giocando con questo a livello formale, quanto facendolo esplodere dall'interno, rendendolo veicolo di un contenuto che quello non riesce a sopportare. Un elemento centrale per capire i film di Romero è proprio il rapporto con i generi "horror" e "catastrofico", che Romero non solo e non tanto estre-

---

[1] "La massa è un terreno fangoso che tutto sprofonda diventa confuso, la massa è passiva e abissale ingurgita il senso, distrugge il sociale, la massa è il silenzio, è il destino neutrale del plagio, *la massa è il contagio*, la massa interrompe il circuito, la massa è il neutro, la massa fa massa. La massa opacizza la luce la massa rifiuta la fede, rifiuta anche il male, rifiuta l'attesa il mistero il sociale", G. Gaber, "La massa", in *Gaber*, 1984 (corsivo mio). Sul concetto di "contagio" vedi sotto.

mizza, in senso quantitativo, ma supera qualitativamente nel momento in cui li fa interagire. Non ci troviamo più di fronte alla contemplazione intimista e sublime, di un pericolo e di un orrore circoscritto, bensì all'annientamento totale della specie umana. Ciò che differenzia, però, questo pericolo universale dalle storie di invasioni spaziali, come la *Guerra dei Mondi*, è il fatto che il nemico – che, come annientante, deve rappresentare un assolutamente altro rispetto all'annientato – viene dall'*interno*.[1] Inoltre, la sua funzione distruttiva si presenta con una necessità e una ineludibilità logica implacabile. La svolta cosmica che origina l'apparente paradosso naturale del morto vivente, in realtà rivela con certezza sensibile qual è, a detta di Romero, la caratteristica paradossale della *condition humaine*. La lotta per affermare sé stessi e il proprio ordine nel caos avverso delle forze naturali. Dopo l'avvento dei morti viventi, è l'uomo ad essere completamente fuori posto nell'ordine naturale.

Questa è la stessa assurda e inquietante *logica dell'annientamento* che Romero ha colto da Auschwitz e trasposto in pellicola. I morti viventi non muoiono di fame, "questo è il problema", dice l'esperto alla tv in *Dawn of the Dead*. Sono una forma di vita che non si nutre per sopravvivere, poiché non muore affatto. Sono la nemesi dell'umanità. Essi rappresentano il suo altro proprio in quanto inaugurano una caccia spietata all'uomo da cui l'uomo pensava ormai di essersi messo al sicuro dopo aver soggiogato la natura e l'intero regno animale.

Il tema horror tradizionale del mostro che ha paura del fuoco assume in *Night of the Living Dead* una veste nuova e ironica nel momento in cui l'uomo, cacciato dagli zombi, sembra potersi ancora proteggere dai predatori utilizzando il fuoco e regredendo ad uno stadio preistorico. Proprio come rappresentanti indiretti e perversi di questo regno animale oppresso dall'uomo – o, meglio, proprio in quanto occupano ambiguamente un ruolo intermedio e

---

[1] È curioso che a Romero fu effettivamente chiesto di ridirigere *War of the Worlds*: P. R. Gagne, *The Zombies That Ate Pittsburgh*, cit,, p. 194.

straniante tra uomo e animale – gli zombi tornano a reclamare la vita dell'oppressore, dandogli la caccia.

Nella trilogia l'*assenza* degli animali è significativa e altrettanto significativo è il fatto che gli unici animali che si possono vedere sono le teste impagliate nella casa di *Night of the Living Dead* e nell'armeria di *Dawn of the Dead* (dove la colonna sonora africana sembra alludere ironicamente ad un ulteriore luogo *altro* rispetto all'occidente) o il coccodrillo che trionfa sulle scale di una banca abbandonata all'inizio di *Day of the Dead*. Di animali zombi non si parla mai e il destino della rinascita sembra essere un fenomeno che concerne solo gli uomini: come se si trattasse di un gioco dell'uomo con se stesso in cui la sua identità viene messa radicalmente in questione. Un'identità che sembra definirsi proprio in ragione di ciò che *esclude* da sé: la morte, l'animale.[1] Proprio in quanto i morti viventi rappresentano questo altro dall'uomo – ciò che mette in crisi la sua identità – la trilogia di Romero è sorretta da un paradosso logico. Lo zombi mette in questione il confine ontologico tra la vita e la morte e lo fa restituendo ai vivi un *tertium* che conduce inevitabilmente al collasso quell'opposizione. Il ritorno dei morti inaugura un processo non reversibile, dove i vivi, morendo, divengono a loro volta zombi e tale processo mira, attraverso la vittoria definitiva dei morti, alla restaurazione dell'immanenza, dell'equilibrio perduto. La lotta c'è solo perché e finché l'uomo esiste: è la sua esistenza che – nel nuovo, perverso ciclo biologico che si è prodotto – rappresenta la forza entropica, l'elemento di contrasto. Per questo c'è anche la tentazione di spingere verso la distruzione totale e far tornare, in qualche modo, una forma di ordine, un mondo in cui l'unica specie superstite sia quella dei morti viventi. Alla fine di *Dawn of the Dead* gli zombi riprendono possesso del centro commerciale. L'esperimento di utopia è fallito. L'entropia, la forza del caos,

---

[1] Sul concetto di restaurazione dell'immanenza come nostalgia della condizione animale cfr. G. Bataille, *Teoria della Religione*, SE, Milano 1994 e Th. W. Adorno – M. Horkheimer, *Dialektik der Aufklärung*, Suhrkamp, Franfkurt a. M. 1987.

torna a regnare nelle ultime scene (e nei titoli di coda dell'edizione americana). Proprio per la loro innata forza distruttiva, per l'incapacità di costituire alcun ordine stabile, gli zombi sono radicalmente non-umani, sono cieche forze della natura. L'uomo tenta in tutti i modi di resistere all'entropia, il suo spazio vitale, il suo intero mondo è definito dalla capacità di distanziarsi da queste cieche forze distruttrici e di erigere un ordine per quanto esile, debole, improtetto. Se lo specifico dell'uomo è questo, egli manca alla propria natura e combatte dalla parte dell'avversario quando si volge alla distruzione, come la banda dei motociclisti. Per questo, in fin dei conti, Peter può dire che i morti viventi sono "una parte di noi".

Lo sfondo antropologico della trilogia è schizzato in modo mirabile in *Dawn of the Dead*. Qui viene costantemente ripetuto che i morti viventi sono puro istinto, le loro funzioni cerebrali sono ridotte al minimo. Il pericolo che essi rappresentano per l'uomo estremizza e polarizza le caratteristiche delle due specie. L'unica chance che resta all'uomo è quello di far uso della ragione, del freddo intelletto calcolante, di non lasciarsi trasportare dalle emozioni. I sentimenti come la paura (le reazioni scomposte di Steve nella prima parte del film), l'amore cieco (la donna che grida "Miguelito!" all'inizio del film e viene morsa dall'amato) e l'euforia (Roger) sono distruttivi. Ad essi Romero contrappone la freddezza di Peter, la necessità di farsi calcolatori e pragmatici al limite del cinismo (Peter deve calcolare cosa fare quando sente Steve assalito dagli zombi e decide, dolorosamente, di fuggire). Farsi in qualche modo *simili* al nemico – che procede calcolando in maniera elementare, animalesca – per non caderne vittima e diventare *uguali* ad esso. La fredda razionalità assume una valenza mimetica nei confronti del pericolo disumano dalle sembianze umane che proprio per un eccesso di reazione empatica diviene pericoloso. Tenere a freno l'istinto e le emozioni è l'unico modo per sfuggire all'umanità abominevole e istintuale incarnata nelle orde dei morti viventi. La freddezza di personaggi come Peter è al tempo stesso la messa in pratica di un principio di realtà non oppressivo, contrapposto al travisamento del reale e al sogno (l'amore, la nostalgia per il passato). In tal senso, è anche oscuramente ma tenacemente agganciato al futuro, alla speranza, all'utopia. Il vero pericolo rappresentato dagli zombi è la proiezione che su di essi fa l'uomo. Anche nel film si sottolinea come i morti viventi siano, in realtà, facili da evitare e da uccidere. Sono in sé molto meno pericolosi dei mostri degli horror tradizionali: non hanno poteri, sono, a dire la verità, degli *Untermenschen*. La loro forza è il lugubre collettivo che rappresentano. Questo, a sua volta, è però originariamente prodotto dalla stupidità umana che ne ha permesso la moltiplicazione, ed è quindi anch'esso il segno di una catastrofe originariamente e quasi interamente sociale. La battaglia contro i morti viventi è fin dall'inizio una lotta dell'umanità contro se stessa, contro la propria stupidità.

In *Day of the Dead* il processo di dissoluzione della società si riflette in radicale scissione delle facoltà umane: da un lato una scienza impazzita, autoreferenziale e priva di aggancio con la realtà (Dottor Logan), dall'altro la brutalità e l'azione priva di scopo dei militari (Rodhes). In un certo senso è questo che i morti viventi, parodia dell'umano, sono in realtà: puro cervello – il dott. Logan dimostra che è l'unico organo di cui necessitano per "funzionare" – messo al servizio del più puro e brutale istinto.

L'intelligenza di cui si servono i protagonisti dei film di Romero per sopravvivere (soprattutto i due protagonisti di *Night of the Living Dead* e *Dawn of the Dead*: Ben e Peter) è un'intelligenza pratica, manuale. Romero documenta con dovizia di particolari la costruzione di barriere fisiche per murarsi dentro. In *Night of the Living Dead*, la sequenza è particolarmente toccante. Una patetica musica di sottofondo sostiene lo sguardo disperato di Barbara che, dopo essersi chiusa *in sé* per l'orrore, è testimone impotente degli sforzi di Ben per proteggersi dall'esterno e vive l'orrore di vedersi chiusa dentro anche fisicamente.

La stessa struttura di fondo della trilogia coincide con una progressiva, claustrofobica chiusura: dalla superficie della terra gli uomini vengono progressivamente cacciati nel sottosuolo da dove provengono i morti. La vita collettiva stessa degli esseri umani ne è condizionata: dall'inquietante intimità della casa, attraverso l'anonimità spersonalizzante del centro commerciale, si giunge all'alienazione senza scampo del rifugio sotterraneo. È un tema anticipato in *Night of the Living Dead* nel dilemma della cantina che occupa buona parte del film. Il codardo Mr. Cooper preferisce rifugiarsi nella cantina più sicura dagli attacchi degli zombi anche se priva di vie di fuga, piuttosto che rimanere in casa, esposti al pericolo di irruzioni. Ben riconosce chiaramente che murarsi vivi non è una vera soluzione e che il tipo di sicurezza offerta dalla cantina si rovescia facilmente nel suo opposto: la certezza della tomba. Non c'è sicurezza che tenga, solo la costante *apertura*, per quanto rischiosa, garantisce la possibilità di fuga e la sopravvivenza.

Questo tema viene sviluppato in maniera esemplare in *Dawn of the Dead*. Una volta al sicuro dentro il supermercato, inizia una disperata ricerca della "normalità" che, dall'iniziale euforia, si trasforma progressivamente in un'ammissione di sconfitta ("che cosa ci siamo fatti" dice Fran). La "tana" viene arredata come una casa, con tutti i confort (letti, cucina, televisione). Solo pochi particolari rivelano la persistenza di una situazione di "necessità": le armi appese al muro che, pure, proprio in quanto ormai appese, rivelano l'abbandono della lotta da parte dei protagonisti. Giocando a tennis sul tetto del centro commerciale Peter fa cadere una pallina da tennis che, piombando sulla strada sottostante tra i cadaveri in putrefazione e gli zombi ancora alla ricerca di una via d'entrata, rivela qual è la *realtà* che ancora imperversa al di fuori del mondo ideale che i protagonisti hanno creato. Si è instaurato, cioè, un processo di *decomposizione* all'interno di questo mondo ideale. Lo si vede bene già nella cenetta a due organizzata da Peter, in cui Steve offre all'amata un ormai anacronistico anello di matrimonio e che lei, più consapevole di lui della stupidità e inopportunità di quel gesto, rifiuta. La ritualità del matrimonio, il suo valore più che meramente simbolico, è una finzione che può funzionare e avere un senso solo all'interno di un contesto sociale che gli conferisce realtà. Al di fuori di quel contesto rappresenta solo una finzione nella finzione (l'artificiale vita felice all'interno del centro commerciale).

Ma l'apice di questo processo di degradazione coincide, forse, con la sequenza in cui Fran si trucca in modo provocatoriamente sgargiante – assomigliando sempre più alla testa del manichino (e l'associazione manichino-zombi è ricorrente per tutto il film) – e giocando poi con la pistola davanti allo specchio. Lo sfruttamento della violenza e del sesso, l'associazione armi/sessualità ben dipinge, d'altronde, la parabola perversa che la società dei consumi ha descritto a partire dagli anni '60 e di cui lo stesso *Dawn of the Dead* rappresentava, per la critica del tempo, un degno rappresentante. Romero, al contrario, mette volontariamente in scena, con brutalità e forte spirito di semplificazione ma anche in modo geniale, il vero significato delle scelte estetiche della società dei costumi: non *eros*, ma *thanatos*, la morte e la reificazione stanno dietro lo sguardo sorridente della ragazza nel cartellone pubblicitario.

Quando Peter si troverà di nuovo in condizione di dover combattere – dopo l'irruzione dei motociclisti – toglierà gli anelli e butterà il denaro per riprendere i panni del "guerriero". Tra la decadenza della post-esistenza borghese e una lotta abbrutente e disumana non sembra per Romero esserci una terza possibilità. Ma ciò è probabilmente dovuto al fatto che queste sono le uniche reazioni che l'uomo come *individuo* può opporre alla forza incontrastata degli eventi. L'unità d'azione che potrebbe permettere una vita migliore è lasciata ad una laconica e latitante collettività utopica cui Romero non smette di credere anche quando sottolinea gli aspetti meno edificanti dell'agire umano. L'intero processo di socializzazione, ricorda il Dott. Logan in *Day of the Dead*, è una costruzione artificiale in cui il consenso del singolo è motivato dalla "ricompensa" che se ne ricava. La scena grandiosa in cui "Bub", lo zombi addomesticato, ascolta la Nona di Beethoven e poi banchetta con le interiora di un soldato morto è una delle più feroci satire sociali che il cinema abbia mai prodotto. Ma a ben vedere, la capacità di agire collettivamente è proprio ciò che *manca* agli uomini e che li condanna alla sconfitta, mentre si manifesta in forma distruttiva nelle sadiche cacce agli zombi e, ancor di più, nello stesso mortale e uniforme collettivo dei morti viventi. Il ritorno di un'intelligenza primitiva e del cannibalismo, definiscono la lotta tra l'uomo e gli zombi come lotta contro un principio arcaico, ctonio, definibile in termini biologici come riattivazione di uno strato primordiale e dimenticato della mente e in termini culturali come trionfo del collettivo sul singolo. Lo zombi è ancora *materia signata*, ma in forma così primitiva da essere quasi mera materia. Gli zombi possono, in forza di questa *basic intelligence* che li caratterizza, realizzare una somma algebrica in cui la qualità è sostituita dalla quantità, il soggetto si dissolve nel collettivo. La forza degli zombi è l'unità di intenti che li caratterizza, un'unità che è fondata sul semplice bisogno di uccidere i viventi. Rappresentano una forma di vita più semplice e meno organizzata, ma proprio per questo risultano vincenti rispetto ad una forma di vita più complessa e meno capace di reagire con unità.

La debolezza dell'uomo sembra a prima vista coincidere con le sue stesse caratteristiche psichiche e fisiche. L'*intelligenza* lo condanna all'eterna discussione televisiva (fino a che la televisione stessa non esiste più). L'*istinto* di sopravvivenza lo condanna invece alla lotta intestina, alla guerra fratricida per il territorio e la proprietà (il non aver saputo resistere all'illusione della proprietà segnerà la fine di Steve in *Dawn of the Dead*). La vita di gruppo sembra produrre solo degenerazione (la lotta per il potere tra Ben e il sig. Cooper e la caccia selvaggia allo zombi di *Night of the Living Dead*; la falsa vita nel centro commerciale e il nichilismo della banda di motociclisti in *Dawn of the Dead*; i militari di *Day of the Dead* che non perdono occasione per urlare volgarità a sfondo sessuale a Sarah e che, al di fuori di un cameratismo fasullo, sfogano i propri istinti repressi in inutili risse). Ma la verità è che Romero dipinge in questi estremi, altrettanti eccessi e non una condanna dell'uomo in quanto tale. Intese come sue caratteristiche specifiche, intelligenza e istinto rappresentano invece l'unica via di scampo. Certo, non la cultura o la scienza ma l'uso della ragione, è un fattore di salvezza. Così come l'istinto lo porta ad *unirsi* al suo simile; se questa unità è l'unità nel bisogno e non la stanca ripetizione della ritualità sociale o il cieco esercizio del potere, è anch'essa un fattore di salvezza. In *Day of the Dead* Romero descrive, ad esempio, l'*evoluzione* dei rapporti tra John, l'individualista che prepara la fuga incurante degli altri, e Sarah che continua a chiedere la collaborazione di tutti anche di fronte all'evidente fallimento della convivenza tra militari e scienziati: entrambi impareranno qualcosa dall'altro.

L'istinto di sopravvivenza è celebrato soprattutto nel finale di *Dawn of the Dead*, dove Peter decide, nonostante tutto di non uccidersi ma di tentare ancora una volta di sopravvivere. L'uomo è essenzialmente lotta contro un nemico più forte di lui. Quando Peter dice "loro sono noi, ciò che noi diventeremo", ricorda come il vero nemico sia la morte: non è il morso dello zombi a trasformare gli uomini in morti viventi ma la morte stessa.[1] La lotta degli uomini è per principio e fin dal principio *senza speranza*, perché il fatto biologico e inevitabile della morte è l'elemento asimmetrico nel rapporto uomo-zombi che gioca a favore di questi ultimi. Ma questa è l'essenza dell'uomo per Romero: *restare* uomo, nonostante tutto. Per questo alla fine Peter non si uccide, non annulla la tensione tra la vita e la morte ma prosegue la lotta, a un tempo individuale e universale, per la sopravvivenza.

---

[1] Qualcuno ha sottolineato come da nessuna parte della trilogia sia detto esplicitamente che il morso dello zombi *causa* la resurrezione. In effetti, l'infezione del morso provoca la morte e questa, come "naturale" conseguenza, il ritorno in vita ma non c'è nessun nesso diretto tra il morso e il diventare-zombi, un *topos* classico invece nelle storie di vampiri e lupi mannari. Cfr. Vampire, "Zombie Biology" in *George Romero's Day of The Dead* [http://homepage.powerup.com.au/~vampire/day/day.htm]
È interessante, tuttavia, notare come l'idea del *contagio* sia un elemento centrale nell'immaginario collettivo associato ai morti viventi e probabilmente non solo per analogia con gli altri mostri classici dell'horror. Il contagio viene qui associato, di nuovo, con la dimensione collettiva: quella degli zombi è una piaga sociale, come la peste (*Black Death*) di cui ricorda da vicino gli effetti sul corpo umano e i modi di diffusione. Il tema del contagio era già stato utilizzato da Romero in *The Crazies* e sarà in seguito ripreso e associato a più riprese con il tema degli zombi o di creature affini (l'epigonato italiano ha fatto, come al solito, scintille: *Incubo sulla città contaminata* di Umberto Lenzi, *Demoni* di Lamberto Bava etc.). Interessante, perché costituisce in parte un rovesciamento della prospettiva romeriana, è il tema del contagio in *Shivers* di David Cronenberg. *Eros* e *thanatos* non vengono qui separati e contrapposti, ma trovano un'ibrida contaminazione nell'esplosione di un eros perverso e incontrollato. L'effetto indotto sullo spettatore dall'orgia collettiva dipinta da Cronenberg è esattamente l'opposto che in Romero: alla fine del film, si *desidera* che il protagonista – l'unico superstite – subisca anch'egli la sorte degli altri. E il bacio, sensualissimo ma venefico, della sua donna, arriva come una liberazione.

Post scriptum: la terra dei morti viventi

Il 4 agosto 2005 la Associated Press ha diffuso questa notizia: "l'IACP (International Association of Chiefs of Police) suggerisce di sparare alla testa per fermare i kamikaze. WASHINGTON- Un'organizzazione internazionale di capi di dipartimenti di polizia del mondo ha pubblicato nuove linee guida raccomandando agli officiali che affrontano un suicida munito di bomba di sparare alla testa del sospetto... Secondo Il Washington Post le linee guida raccomandano agli officiali che avessero bisogno di usare una forza letale per fermare qualcuno che rientra in un certo profilo comportamentale di 'mirare alla testa' per uccidere la persona istantaneamente e prevenire l'innesco della bomba". Quando George Romero creò il mitologema delle orde di zombi assassini che non potevano essere fermati se non con un colpo alla testa, non sapeva di aver diagnosticato con oltre trent'anni di anticipo la lotta intestina della modernità contro se stessa. Di questa lotta noi oggi siamo attoniti, seppur colpevoli, testimoni; perché quella di Romero non fu affatto una profezia. Le profezie si addicono agli eventi che non possono essere previsti, miracolosi o catastrofici, alle interruzioni inattese del flusso delle leggi naturali o di quelle storiche. Nulla di tutto questo accade oggi. L'oggi è figlio fin troppo evidente, nelle sembianze e nelle movenze, degli orrori preconizzati da pensatori come Adorno e Marcuse, da scrittori come Orwell o Philip Dick e, appunto, da registi come Romero.

Quello che l'IACP suggerisce come *extrema ratio* anti terrorismo è di sparare alla testa dei "sospetti". Che si tratti di *extrema ratio* non vuol dire altro che la ragione, la ragion di stato ma non solo, è diventata oggi più estrema, repressiva e cruenta che mai. Che mai come oggi l'individuo – nominalmente celebrato dalla liberticida ideologia liberista che imperversa sul globo – è divenuto un residuo, un'appendice della macchina, ciarpame da sacrificare alla discarica di macerie del progresso. Portare un "indumento pesante d'estate" o anche solo "avere lo sguardo elusivo" ti rende automaticamente inviso all'ordine costituito.

Ma la direttiva dell'IACP rende anche evidente che il dramma che si svolge sotto ai nostri occhi non è quello di uno "scontro tra civiltà", di una lotta tra democrazia e fondamentalismo, tra occidente e oriente. Questi sono solo epifenomeni di uno scontro più radicale e nascosto che utilizza false opposizioni per nascondere i veri, anzi il vero attore del dramma. Poiché quella che viene inscenata e portata a compimento con cruenta perizia è la rivolta dell'intelligenza contro se stessa. E lo dice il fatto che la parola "testa" (*head*) ricorre nel testo del comunicato non solo ad indicare il bersaglio da colpire (il luogo in cui risiede l'intelligenza criminale da abbattere) ma anche per indicare lo strumento che colpisce (i "capi dei dipartimenti di polizia" o i "capi delle agenzie"). La guerra al/del terrorismo è un testa a testa programmato e pianificato tra una rete neuronale planetaria eversiva e un'intelligence repressiva altrettanto ramificata.

Il fondamentalismo, infatti, non è altro che "nichilismo mascherato" – come osserva Christoph Türcke –, cioè un'ideologia che nasconde dietro le proprie roboanti verità assolute uno spirito inquieto alla ricerca disperata di una certezza che la ragione critica le ha sottratto per sempre. Per questo esso usa le armi dell'occidente e le volge contro quest'ultimo, trasformando il suo sogno di libertà e progresso in un incubo di segno inverso. Ma questa azione non giunge "dall'esterno", come vogliono far credere gli zelanti scribacchini dei governi in carica; la globalizzazione non ha fatto altro che rendere evidente ciò che già Marx ben sapeva: il capitalismo è il luogo della miseria e della ricchezza universale, una realtà in espansione che tutto travolge e trascina, rispetto a cui la sola idea di un "fuori" è divenuta anacronistica.

Certo, si dirà, quella degli zombi non era proprio un'intelligenza degna di questo nome. Lo zombi è un groviglio di intelligenza ottusamente omicida e di irrefrenabile desiderio. Ma cosa dire del modello di razionalità che domina il capitalismo moderno, una razionalità parcellizzata e tecnicizzata, in cui il *know how* domina sul significato, tanto da renderlo anacronistico, se non assurdo e indicibile? Una razionalità tanto funzionante da rendere superflua e arbitraria la domanda sul fine dell'esistenza individuale e sociale? E cosa dire di un desiderio manipolato dal mercato e spinto al parossismo, coartato nei modelli stereotipati della forma di merce, cannibalico nella sua stessa essenza, perché soddisfatto attraverso il lavoro vivo di schiavi che producono per noi gli oggetti di consumo che fluiscono sui nostri mercati? Il cinema di

Romero è in realtà di un realismo esasperante; siamo noi che ci raccontiamo favole per tirare avanti di fronte all'orrore.

Gli zombi sono l'oggettivazione più pura dell'orrore. Morti che portano la morte. Sono uomini e non uomini al tempo stesso, perché l'umanità si rappresenta in essi come non vorrebbe essere, o meglio: proietta su di essi la paura di ciò che sa di essere (già Adorno diceva: la gente rifugge dalle dissonanze di Schönberg e Webern non perché non le capisca, ma perché le capisce benissimo). Quello di Romero è perciò l'orrore e al tempo stesso altro dall'horror. Per questo non lo si può discutere come genere, come ancora purtroppo si fa.

Si potrebbe parlare a lungo dell'ultimo capitolo della serie romeriana. E' "al livello" degli altri? Aggiunge qualcosa alla "saga"? Già queste domande rispecchiano una mentalità più adatta all'epopea trionfalistica di Lucas che alla disperazione apocalittica di Romero. Ma in qualche modo hanno una loro legittimità, per cui non ci sottrarremo alla risposta. Sì, il film è al livello degli altri e, sì, aggiunge qualcosa di essenziale alla serie.

Non tutti sono d'accordo su questo. Romero è diventato "più esplicito", si dice, forse troppo didascalico, a tratti addirittura banale. Sembra il Carpenter più politico. Ma prima di giudicare la banalità che c'è sullo schermo si farebbe bene a guardarsi intorno e chiedersi se non sia la realtà ad essere divenuta orribilmente banale. Una trama che fino a vent'anni fa sarebbe stata credibile al massimo in una serie di Go Nagai (il cattivone e i suoi generali che tiranneggiano un esercito di schiavi protetti nel chiuso della loro torre dorata) è divenuta tristemente realistica. Uno strapotere arrogante senza più neppure l'apparenza dell'autogiustificazione domina il globo; la ricchezza fluisce copiosa nelle tasche dei pochissimi, mentre l'orda degli "appestati" fa la fame e ogni protesta è stroncata dalla repressione. Banale? Il capitalismo non sa che farsene delle "sottigliezze" della letteratura e delle "profondità" dell'anima umana: la sua realtà è gretta e semplificata, l'anima è un colorante sintetico per la poesia di stato. "Il mondo è diventato come il borghese se lo rappresenta" (sempre Adorno) e ora che il suo orrore è divenuto realtà volge gli occhi da un'altra parte. Ma il tratto che domina il cinema di Romero è l'impietosa sincerità. Il cinema di Romero è un cinema senza doppio fondo, per questo la categoria borghese della "profondità" non gli si adatta. "I personaggi di *Land of the Dead*", si dice, "sono delle macchiette: l'eroe, il cattivo, la bimbetta, lo scemo. E i dialoghi! Che sozzura in questi dialoghi americani al 100%". Anche qui però non si capisce dove dovrebbe essere lo scandalo. Siamo circondati da dialoghi idioti che vertono invariabilmente su tariffe telefoniche, marche di automobili e partite di calcio...eppure dal cinema ci aspettiamo un mondo in cui tutti i personaggi parlano come Hegel (per dirla con Pasolini). Non sembri pretestuosa questa difesa di Romero. Visto che i suoi film non contemplano beoti il "mistero", né si beano dell'orrore puro e semplice ma si interessano dell'effetto che quel mistero e quell'orrore hanno sugli uomini, la dimensione propriamente umana è stata sempre in primo piano. Chi ha visto i suoi film precedenti sa quale cura Romero metta, se non nei dialoghi veri e propri, nello "scavo psicologico" dei personaggi, nelle loro dinamiche emotive e drammatiche etc. Dopo la tensione psicologica martellante del Giorno degli zombi Romero avrebbe di colpo disimparato a tratteggiare umanamente i propri personaggi? Come non vedere che l'umanizzazione degli zombi – in primo piano già nel film precedente – raggiunge qui il suo zenit e il suo punto di non ritorno, con gli zombi che manifestano più di un barlume di autentica emotività umana (disperazione, solidarietà, rabbia)? come non vedere che il dramma "umano" non si compie là dove ce lo aspetteremmo – appunto: tra gli umani – ma in coloro che hanno fatto a pezzi il mondo degli uomini (e gli uomini stessi) senza poterlo/i ricostruire? La relativa piattezza dei personaggi "umani" in questo film è direttamente proporzionale all'umanizzazione degli zombi. Di questo parla il film e lo fa in modo eccellente. Il suo basso continuo è lo stesso di sempre, è il refrain che attraversa e sostiene tutti i film di Romero: noi siamo loro e loro sono noi. Che l'altro che terrorizza sia in realtà me stesso: questo è l'orrore. Certo, non è proprio "come me", no, è qualcos'altro, altrimenti la dinamica dello straniamento non avrebbe luogo etc. etc. etc. Ma si tratta di patetici temporeggiamenti prima che la morte ci porti dall'altra parte della barricata, noi nemici di ciò che un tempo eravamo. Non c'è un "fuori", una minaccia esterna, ma solo la dilazione dell'autoannientamento.

Difficile dire se Romero sia diventato più realistico o la realtà si sia fatta romeriana. E' certo, però, che noi viviamo in maniera lancinante le contraddizioni dell'umano di cui i suoi film sono una rappresentazione truce ma fedele. Lo zombi è un'allegoria kitsch, questo è certo, perché pretende di impersonificare l'orrore e di farlo agire nello spazio-tempo. E così riduce a misura d'uomo l'orrore smisurato della condizione umana. Ma chi di noi può dire di non vivere una realtà che è divenuta essa stessa kitsch: dall'espressione individuale dei sentimenti alle tronfie parole di "libertà" che ci bombardano? Noi siamo loro e loro sono noi: la trilogia si chiude, l'incantesimo è compiuto. Chiunque oggi voglia compiere i gesti quotidiani di ieri è un pazzo che pretende vivere i propri sogni di ieri nell'incubo attuale. Noi che continuiamo a prendere la metropolitana sapendo già che un attentato dovrà accadere ed è solo questione di tempo sapere quando, come e se saremo coinvolti. Una realtà come questa supera ogni immaginazione filmica. In una realtà simile la morte è un sostrato che non possiamo cancellare, intacca la stessa sostanza del nostro vivere quotidiano. Che ci piaccia o no, siamo tutti morti che camminano.

Il ritorno del non-morto
Sul *Nosferatu* di Herzog

Il remake, in genere, non ha una buona reputazione. Sembra in partenza un'operazione commerciale o, almeno, affronta sempre le sale con l'handicap di dover dimostrare il contrario. E a ragione. Perché di un film si fa un remake quando è un classico incoronato dal botteghino o, in caso contrario, quando particolari esigenze commerciali ne suggeriscono la riesumazione. È interessante che, nonostante tutti i paralleli semiologici che è possibile instaurare tra il cinema ed altre forme espressive, non è facile trovare l'equivalente per il fenomeno del remake. Poiché non si tratta semplicemente della ripresa di una storia, di un contenuto o di una forma ereditata dalla tradizione (in pittura: la "pietà", in letteratura: il Faust, in musica: la passacaglia etc.) ma del "rifacimento" vero e proprio di un'opera in sé già definita. Non si aggiunge un nuovo esemplare ad una serie infinita di variazioni sul tema, ma si mette in opera un vero e proprio "doppio". Il fenomeno del remake è un fenomeno di duplicazione e, contestualmente, di celebrazione. Ma poiché l'impresa cinematografica non è una forma di artigianato bensì un'industria a tutti gli effetti, l'adorazione dei suoi prodotti si tramuta inconsapevolmente in quella del produttore monopolista. È implicito nel remake un tocco di autocelebrazione che sfugge di mano al regista che lo esegue. Si tratta in realtà di un sequel in cui il cinema celebra se stesso. È possibile che sia l'ancor giovane storia del cinema a conferire a questo fenomeno la sua peculiarità e che, col passare dei decenni, si assista ad un tal numero di remake da trasformare l'anomalia del cinema in qualcosa di normale: al decimo *Cape Fear* ci convinceremo che si tratta di un semplice tema su cui è possibile innestare una serie infinita di variazioni.

Un remake è un film che torna alla vita e in questa nuova vita c'è sempre qualcosa di posticcio. Herzog stesso celebra Murnau, e fin nei dettagli, con ironico distacco, nonostante l'evidente partecipazione. Scene come quella della cena tra Klaus Kinski e Bruno Ganz, pur con tutta la forza di inquadrature imponenti e spartane, muovono continuamente al sorriso. Molte volte il pathos un po' ostentato dei personaggi sembra rovesciarsi in parodia. So-

33

lo la tetra seriosità del tema principale (poco più di due note affidate a un lugubre coro maschile) riconduce ciclicamente al tono notturno e apocalittico della storia l'attenzione dello spettatore. Anche se, con la stessa regolarità, i Popul Vuh (cui è affidata parte della colonna sonora) sembrano chiamarlo fuori con l'altro tema portante, fatto di allegrotte e modali-orientaleggianti schitarrate hippy. Persino questa dicotomia, che vorrebbe rispecchiare in qualche modo quella tra morte e vita che è il tema principale della storia, già solo per il fatto di rappresentare la vita attraverso una musica tutto sommato idiota, dovrebbe far dubitare che questo contrasto sia giocato in forma così piatta e banale. In realtà tra la vita e la morte c'è un qualche nesso misterioso di cui Nosferatu, il vampiro, detiene il segreto.

Si potrebbe dire che l'ironia è quasi un a priori dell'idea stessa di remake. La consapevolezza della ripetizione modifica la coscienza dell'originale e la trasforma già solo per questo in assunzione di maschera, in consapevole finzione. Non si fa più sul serio perché sul serio si è già fatto. Ma sarebbe riduttivo sottovalutare la forza con cui Herzog fa rivivere il suo film portandolo al di là dell'originale e, proprio per questo, compiendo ciò che nell'originale non era espresso. L'idea del non-morto ("Nosferatu", appunto) si carica di riferimenti eccentrici rispetto alle storie di vampiri cui si ispira. E, in un certo senso, qui è più seria che mai. L'ironia è inscindibile da una maggiore consapevolezza e la consapevolezza che si accompagna alla sopravvivenza è il tema stesso del film, tema che qui si esprime a livello di forma prima ancora che di contenuto. Lo stesso film di Herzog è un non-morto che ci parla già nella forma della ripetizione dell'idea di sopravvivenza; cosa che il suo modello, Murnau, non faceva. In questo è più serio di quello, nonostante l'ironia. Meglio, proprio grazie all'ironia.

Il rapporto tra ironia e serietà è dialettico, mai univoco. Che paura e ironia possano andare insieme, il cinema splatter degli anni '80 l'ha dimostrato ampiamente, ma a prezzo di non far veramente più paura. Lì gli estremi dell'ironia e del raccapriccio si toccavano pur rimanendo indifferenti, direi giustapposti (nemmeno la famigerata "desensibilizzazione alla violenza" può essere vista come risultato di un'effettiva interazione tra i due poli; la mediazione avveniva al di fuori delle sale cinematografiche e vi tornava di rimbalzo come rispecchiamento di una mutazione antropologica già in corso). Qui, invece, sono fusi intimamente, mutando di qualità: la paura istillata da questo film vuole rimanere tale, pur essendo estremamente sublimata e l'ironia è il suo medium di manifestazione. Il Nosferatu di Herzog, e mi riferisco a Kinski, non mette paura nemmeno come i non-morti di Romero (cui lo splatter indegnamente disse di ispirarsi). In entrambi è la percezione della vicinanza nell'estraneità a far tremare la capacità mimetica dello spettatore ma con sfumature diverse: in uno zombie è l'immagine della coscienza perduta in una vita che sopravvive a terrorizzare; nel vampiro è la coscienza di una morte indefinitamente procrastinata. Lo zombie repelle, il vampiro attira: la sua morte-in-vita è sensuale, erotica. Esso fa balenare ancora, forse, il desiderio dell'immortalità, che è l'aspirazione propria di ogni vita. Kinski incarna alla perfezione questa tensione tra eros e thanatos. La compassione nei suoi confronti impedisce di percepirlo interamente come un'estraneità di cui avere paura. L'empatia dello spettatore si accende nella straordinaria scena della sua morte: qui Lucy (Isabelle Adjani) in un estremo atto di pietà gli si concede, donandogli assieme all'amore, di cui – nonostante tutto – era capace, la morte che invece continuamente gli sfuggiva.

Il dramma di Nosferatu è un dramma universale e privato, in cui l'elemento borghese è inestirpabile, perché gli fornisce precise coordinate storiche, sociali e psicologiche; è qui, e solo qui, che la lotta tra eros e thanatos può avere luogo nella forma di un continuo rincorrersi e un mutarsi dei due termini nel proprio opposto. Il dramma inscenato da Romero è invece una profezia apocalittica in un universo costitutivamente post-borghese: lo zombie non è una paura privata, è la paura della dissoluzione dell'intera sfera privata, dell'annichilimento dell'individuo in una società che serve gli individui solo al prezzo di trasformarli in massa. La meccanica degli istinti che Romero scatena negli spettatori è a senso unico. C'è la vita che si fa morte, senza ritorno. Poiché la non-morte degli zombie è un trionfo definitivo e irreversibile della morte. Per questo non è possibile identificazione mimetica ma solo la fuga (dello spettatore come dei personaggi, mentre in Nosferatu tanto lo spettatore che i personaggi rimangono affascinati dal vampiro). Questa dialettica privato/pubblico, intimità/estraneità, dentro/fuori si manifesta in Nosferatu nei colori con cui tradizionalmente vengono richiamati gli spazi cinematografici: colori caldi (rosso, giallo) per gli interni, colori freddi (blu) per gli esterni e la notte. Il nero-blu è anche il colore in cui appare costantemente Kinski, svuotato di interiorità e vita, consacrato alla notte e al nulla. Questo nulla non è assoluto, non è appunto la morte vera, ma morte che non muore, una sfumatura di blu in una notte senza colore. Il suo castello accoglie Jonathan Harker (Bruno Ganz) con la promessa di un interno caldo, ma quando la porta si chiude dietro di lui la parete totalmente blu sembra avvolgerlo come una notte all'addiaccio (è particolarmente significativo che Harker venda case). Poiché gli zingari sostenevano, a ragione, che il castello di Dracula non esiste affatto, esso è una proiezione dello sventurato visitatore. Mentre le scene girate nella sua città natale non mancano di contrapporre al blu dell'esterno i colori caldi degli interni, il suo giaciglio nel castello, ove verrà concupito e sedotto da Nosferatu, è totalmente immerso nel blu, poiché di fatto non esiste, non è un interno vero. Ma neppure si tratta di un blu totalmente freddo, piatto; come il pallore delle pareti non vuole "esprimere il mistero" (come erroneamente scrive U. Casiraghi nella scheda del film; secondo lui i colori tenui usati da Herzog hanno l'effetto di "rasserenare l'ambiente"!) quanto piuttosto la decadenza, la morbosità, il contagio. Anche questi sono temi romeriani, ma qui visti nella loro capacità di attirare il soggetto verso le zone torbide della propria costituzione psicologica, e non di farlo indietreggiare inorridito. Romero ci fa vedere l'estremo esito del capitalismo, la borghesia in decomposizione avanzata. Herzog ci spinge fino alle radici del nostro essere borghesi che è, volente o nolente, la forma del nostro essere uomini nella storia e per questo ci proietta, anche storicamente, all'epoca del sorgere della borghesia.

Il film ha un'esplicita struttura storico-politica. Nosferatu, il vampiro, che all'inizio del film è un conte, muore e si reincarna in un borghese che si assume il compito di portare avanti la sua maledizione. A ragion veduta diremmo: di perfezionarla. Questo indica due cose: che la figura in cui si incarna storicamente il non-morto è di volta in volta diversa (presumibilmente, nella sua vita millenaria Nosferatu non sarà stato sempre un aristocratico...) ma che si viene ad instaurare una cesura netta nel passaggio dall'aristocrazia alla borghesia. Infatti, il primo Nosferatu muore effettivamente per poi reincarnarsi nel suo successore borghese. Il non-morto manca alla sua morte e questo muta qualitativamente il senso della sua non-esistenza. Alla noia del sempre-uguale subentra il desiderio di distruggere. La morte, prima tanto agognata, non lo attira più: "c'è tanto da fare ora" dice nell'ultima scena, prima di lanciarsi al galoppo alla distruzione del mondo intero. Così la borghesia è una promessa di felicità mancata, e questo fallimento rende la sua sopravvivenza particolarmente maligna. Anche la sua innegabile creatività non riesce ad esercitarsi al tempo stesso che come forza disgregante e distruttrice.

È fin troppo facile vedere nel finale di Herzog una metafora del modo in cui il dominio politico manifesti nella borghesia una novità assoluta rispetto alle epoche precedenti, solo per potere ancora meglio continuarne l'opera. La borghesia illuminista che voleva porre fine a millenni di oscuro dominio ne diventa l'esecutore illuminato. Il suo dinamismo, la sua capacità di mutare repentinamente, la sua orizzontalità sono l'altra faccia degli ideali statici, eterni, gerarchici che hanno dominato dagli assiri fino a Maria Antonietta. I rapporti di potere nelle società borghesi rimangono identici pur nell'infinita modernizzazione tecnologica e sociale, anzi, proprio grazie a questa. Anche la fantasia viene asservita al dominio dell'astratta libertà del capitalismo. Di ciò il film di Herzog testimonia con le scene girate nel castello. Il castello di Dracula, che si erge spettrale sulle rovine di un castello reale, è più che un castello immaginario. È il castello dell'immaginazione. Solo con la borghesia l'immaginazione finisce per costruire castelli in aria. Questi castelli sono le anche sue prigioni. Quando il borghese Jonathan Harker si aggira nei bianchi corridoi del castello, incapace di uscire, sembra aggirarsi nei meandri di un cervello, la cui trama esterna rimanda non a caso a quella di un labirinto. La borghesia imprime alla storia un'accelerazione in nome del sogno, illusorio perché ideologico, della libertà totale. La stessa libertà dell'immaginazione si sprigiona nell'arte borghese oltre ogni limite, fino a scoprire i propri limiti sociali come invalicabili, costretti da una forma economica che non lascia scampo. A quel punto l'immaginazione borghese comincia a girare in circolo, atrofizzandosi. La sconfinata, titanica aspirazione creatrice che Wagner trasfuse nell'*Oro del Reno* risuona mentre il castello sorge nella notte dalle rovine, così come l'arte borghese accoglie i resti di quella precedente celebrando il proprio delirio di onnipotenza.

Philip K. Dick e i paradossi del tempo

1 *L'uomo nell'alto castello*

Philip K. Dick non è uno scrittore di fantascienza, almeno non nel senso volgare del termine. È lui stesso a stabilire la differenza tra storie che parlano di viaggi spaziali e guerre interplanetarie e storie di fantascienza (o *sf – sciencefiction –* come si dice in gergo). Le prime sono storie sf solo in senso derivato o *per accidens*, perché sono vagamente, confusamente ambientate nel futuro. Per Dick invece l'autentica fantascienza ha a che fare con la creazione rigorosa di mondi alternativi. La vera radice della letteratura sf è per Dick la costruzione di una realtà alternativa in base a un'idea (plausibile, possibile o assurda che sia); a partire da questa si ridisegna l'intera struttura, la logica e il funzionamento del mondo da noi conosciuto e si produce un mondo estraneo, nuovo, imprevedibile. Una volta posta quest'idea come pietra angolare nella costruzione del proprio mondo se ne traggono tutte le conseguenze logiche, per quanto strane possano sembrare. È proprio lo scarto tra il nostro mondo e quell'altro, la loro somiglianza e la loro irriducibile differenza che producono l'effetto di straniamento nei romanzi di Dick. Si tratta di veri e propri "esperimenti mentali" in cui è in gioco il senso critico del lettore nella sua capacità di giudicare la realtà. In base a questo argomento, quindi, Guerre Stellari con tutti i suoi eserciti ipertecnologici e le menate pseudo-orientaleggianti sulla forza cosmica non è fantascienza, mentre un romanzo come *L'uomo nell'alto castello* sì. In questo romanzo – ambientato in un dopoguerra alternativo in cui la Germania hitleriana ha vinto la guerra – è il territorio U.S.A. e non quello tedesco ad essere diviso in due parti, assegnate alle potenze vincitrici (Terzo Reich e Giappone). Stati Uniti Occidentali e Stati Uniti Orientali, quindi, assumono stili di vita diversi, assecondando gli usi e i costumi della razza padrona. Se sulle sponde dell'atlantico si costruiscono campi di concentramento e si parla correntemente tedesco, sul pacifico si viaggia in risciò e si utilizza l'I-ching quotidianamente. Ma la vera sorpresa che aspetta il lettore è un'altra. Uno dei personaggi del libro, infatti, sta scrivendo un romanzo in cui si ipotizza e descrive un presente alternativo in cui la Germania ha perso la guerra e gli U.S.A. hanno vinto. La spirale in cui realtà e finzione si rincorrono diviene vertiginosa e la lettura sconvolgente. Ci si trova a un tratto catapultati nel romanzo e non esiste più dentro e fuori, realtà e finzione, storia e fantascienza. È solo un attimo, ma tanto basta per non far quadrare più i conti. Lo stratagemma messo in campo da Dick permette di guardare la storia con un occhio disincantato; mentre si procede nella lettura e ci si rende conto dell'assurdità di uno stato di cose come quello descritto nel libro, ci si avvede a un tratto e con orrore che quell'assurdità l'abbiamo vista e vissuta per oltre quarant'anni! L'interesse di Dick è sempre volto al presente, la sua opera è un costante tentativo di farci perdere l'apparente banalità e ovvietà del reale. Non a caso anche le storie ambientate in futuri lontani non perdono quasi mai il contatto con la realtà del novecento storico vissuta dall'autore. I costanti richiami al nostro tempo (in forma di ricordi diretti o miti tramandati, di oggetti sopravvissuti alle ere che galleggiano in un tempo estraneo etc.) hanno sempre l'effetto di rendere meno ovvio tanto il tempo immaginario descritto dall'autore quanto il nostro. La fissità dell'epoca storica in cui si vive è illusoria, non esiste una sostanza-realtà indifferente alla variabile tempo. Il tempo è la sostanza, fluida e cangiante di cui è fatto il mondo. Si dice spesso, ed è lo stesso Dick ad affermarlo, che la realtà non esiste, è solo uno state of mind. Ma a mio parere, più che un soggettivismo e solipsismo assoluto, questa ipotesi dickiana propone un concetto di realtà più mutevole e aperto di quello cui siamo solitamente abituati. Vuole essere un correttivo dell'idea: "se chiudo gli occhi il tavolo è ancora là". È la nostra illusione di poter afferrare la realtà come qualcosa di dato una volta per tutte che viene messa in crisi, non la realtà come tale (tanto che Dick è uno dei più ingegnosi costruttori di realtà alternative). Dick porta alle estreme conseguenze questo argomento nella sua produzione più "paranoica", quella maggiormente legata alle modificazioni sensoriali dei protagonisti. In romanzi come *Ubik*, *Le tre stimmate di Palmer Eldritch* o *L'occhio nel cielo*, il fluidificarsi e lo scomporsi della realtà è descritto attraverso un realismo paradossale e impossibile, perché privato del proprio oggetto. Mancando una realtà immobile da fotografare, la scrittura di Dick non può che restituirci immagini in movimento, sfuocate diapositive di un apparato percettivo che non ha più nulla di fisso cui aggrapparsi. Spesso si ha l'impressione che ci siano troppi "colpi di scena" nei romanzi di Dick. Ma in una realtà che non è mai uguale a se stessa il colpo di scena è la norma. Ciò affetta e in definitiva rende impossibile la stessa forma-romanzo. Si tratta di romanzi sbilenchi e tortuosi, privi di una progressione lineare, quasi sempre orfani di una fine. Ma più che di inesperienza e rozzezza si tratta di una fuga dai cliché del romanzo borghese, dall'idea che il romanzo debba andare da qualche parte, compiersi, trionfare. Dick nega al lettore questo trionfo, che fa di ogni romanzo un *Bildungsroman* mascherato. Dick offre al lettore l'esperienza dello scrutare un mondo diverso, spesso ostile, senza la rassicurazione dell'happy end. O di un end quale che sia. Basti l'esempio di *Ma gli androidi sognano pecore elettriche?* per rendersene conto. Chi ha visto *Blade Runner*, il film ispirato al libro, rimarrà senz'altro deluso di non trovarvi l'indegnamente famoso pistolotto finale dell'androide cattivo: "ho visto cose che voi umani non potete immaginare...". Dopo aver letto il libro, tuttavia, si tira un sospiro di sollievo. Niente di così pomposamente didascalico potrebbe mai trovare posto nei romanzi di Dick, un autore che non ha nulla da insegnarci sulla realtà, tranne il fatto che siamo noi a conferire alla realtà il tratto dell'immodificabilità, della necessità, della condanna. Tutto sommato non mi sembra poco.

2. *In senso inverso*

(E)scatologia è la formula chimica del senso inverso. È la prima volta che mi capita di associare questi termini (escatologia/scatologia) senza timore che l'accostamento risulti gratuito. Me lo permette – e gliene sono grato – quel genio dolce, folle, esilarante e profondo di Philip Dick che, prendendo in parola la promessa di S. Paolo sulla resurrezione della carne, ne trae l'affresco di un mondo in cui il ritornare dei morti alla vita è la norma. In tal modo, però, Dick ci mostra senza reticenze il corpo risorto nella sua piena materialità, nella sporcizia e nell'abiezione, nel pieno espletamento delle sue funzioni. Anche delle più disgustose, quelle che lo spirito schizzinoso preferirebbe cancellare dal paradiso. Il fatto è che il mondo descritto da Dick non è un paradiso e la vittoria sulla morte ha i tratti di una beffa clamorosa.

Il romanzo *Counter-Clock World*, pubblicato nel 1967, racconta di uno strano fenomeno cosmico, denominato "fase Hobart", che rovescia abitudini, convinzioni, istituzioni del genere umano: nel 1986 il tempo comincia a scorrere in senso inverso. L'idea che il tempo possa scorrere a ritroso ha sicuramente affascinato molti prima di Dick ma nessuno ha mai pensato, credo, di poterci trarre un romanzo. In definitiva, un romanzo ambientato in un mondo in cui il tempo "torna indietro" non potrebbe essere altro che una narrazione invertita di eventi già avvenuti. *Nihil sub sole novum*, se non che la narrazione li renderebbe paradossali (un po' come quando si manda indietro una pellicola). Dick parte invece da un presupposto diverso, non meno assurdo ma anche non meno improbabile di questo: lo spazio-tempo sembra effettivamente riavvolgersi su se stesso, ma la storia umana in qualche modo prosegue, va avanti. Seppure ciò sembra stabilire, da un lato, la decisiva indipendenza e superiorità dell'elemento spirituale sul materiale – in accordo alla visione gnostico-idealistica del Dick filosofo –, dall'altro, l'autore non si lascia sfuggire l'occasione di indagare le divertenti conseguenze che l'inversione dell'ordine causale fisico ha sulla mente e, soprattutto, sul modo di vivere degli esseri umani. Dick esplora con arguzia e abilità queste conseguenze e, come suo solito, mischia sacro e profano: speculazione metafisica e coprofilia, *humor* nero e distopia dada.

Come in molte altre opere di Dick la dimensione politico-sociale è in primo piano, a testimonianza che la fantascienza è intesa dall'autore come un approfondimento della realtà e non come una via di fuga. La visione che ne scaturisce è, come sempre, cupa e pessimistica. La Biblioteca Pubblica d'Attualità, ad esempio, è un'istituzione semi-mafiosa dal potere immenso, perché si occupa della cancellazione dei documenti: il vero atto che produce novità, seppure novità negative, nella storia umana e che quindi la fa andare avanti (cioè indietro). La Libera Municipalità Negra, uno dei tre stati in cui sono divisi gli U.S.A., rappresenta, invece, il riferimento mai assente in Dick all'attualità (la sua, naturalmente): i disordini degli anni '60 con il movimento per i diritti civili, Malcolm X e M. L. King. La trama di In senso inverso, infatti, ruota attorno alla rinascita di un capo spirituale nero, dalla cui rinnovata predicazione tanto la Biblioteca, quanto la LMN attendono (con contrastanti emozioni, evidentemente) enormi sconvolgimenti nel mondo. Le pagine in cui Dick descrive la visita in città di un eminente personaggio religioso sono un chiaro esempio della capacità dell'autore di condensare in pochi tratti tutta l'atmosfera, le emozioni, le tensioni di un'epoca. Costituiscono perciò un paradosso temporale, certo non desiderato dall'autore, e che, tuttavia, il tempo stesso ha lavorato a innescare nel suo testo. Pagine che si fanno leggere con trepidazione crescente. Si ha come l'impressione di rivivere in diretta sequenze ormai passate alla storia: l'omicidio Kennedy o quello di King. E si attende il dramma da un momento all'altro.

Al tempo stesso, Dick è interessato alla realtà cosmica e trascendente che si cela dietro l'apparenza del quotidiano e degli eventi storici. Certo, i riferimenti al neoplatonismo cristiano che costellano il romanzo sono l'aspetto più difficile da giudicare, soprattutto per il lettore filosofo che trova senz'altro più avvincente lasciarsi andare all'esuberante fantasia della prosa di Dick, piuttosto che seguirlo "seriamente" nelle sue speculazioni metafisiche. Ma l'errore più grande sarebbe quello di sminuirne la portata in nome del rigore storico-filologico o dell'attendibilità scientifica. In realtà Dick riesce sempre a stupire e spiazzare tanto il filosofo, quanto lo scienziato, quanto il lettore comune. Le citazioni da Agostino e Eriugena che fanno da esergo ai vari capitoli possono sembrare banali e rozze allo storico della filosofia ma finiscono per avere un potere straniante una volta strappate al loro luogo e tempo di origine e proiettate nel possibile dickiano. Così, da un lato risultano senz'altro eccentriche rispetto al modo attuale di intendere le nozioni di spazio e tempo e aprono al lettore comune (e allo scienziato) uno squarcio sull'esoterico linguaggio neoplatonico, su una concezione dell'ontologia dinamica che ben poco ha a che fare con quell'aristotelismo medievale dalla cui critica la scienza moderna ha preso le mosse e che nella coscienza di oggi rappresenta l'essenza del cicaleccio filosofico. D'altra parte, le tesi neoplatoniche e gnostiche enunciate di quando in quando nel testo, vengono talmente amplificate e osservate da vicino che il filosofo stenta a riconoscerle, anche quando Dick fa mostra di prenderle molto più sul serio di questi. Il filosofo, d'altronde, non si trova a casa propria nel testo di Dick, e per varie ragioni. Anzitutto, perché Dick mostra un modo di mettere alla "prova dei fatti" la filosofia che va molto al di là della critica scientistica alla filosofia: si tratta invece, come scrive l'autore, di "costruire un universo che non cada in pezzi dopo due giorni" (Ph. K. Dick, *Se vi pare che questo mondo sia brutto*, Feltrinelli, Torino 1999, p. 96 e sgg.). Un romanzo sci-fi è un esperimento mentale che mette alla prova un'idea filosofica, ma non in maniera astratta e, per così dire, statica-puntuale: bensì fino alla determinazione dei particolari apparentemente più insignificanti e attraverso una narrazione di ampio respiro, dunque, di una descrizione in divenire. Come se ciò non bastasse, mentre la filosofia si è tradizionalmente interessata dell'eterno e dell'immutabile e, dunque, della descrizione di un universo stabile e rassicurante, Dick ha la predilezione per universi che, contrariamente alle attese, si disgregano di continuo. E' questo processo di disgregazione che il lettore decifra emotivamente come il perenne senso di ansia e presagio, la paranoia ma anche il grottesco e l'inaspettato che caratterizza ogni libro di Dick. Leggere un libro di Dick provoca sovente vertigini simili a quelle che i suoi personaggi sperimentano quando la realtà che li circonda comincia a liquefarsi di fronte (o dietro) ai loro occhi. Anche per questo non si può veramente "descrivere" i romanzi di Philip Dick senza far loro torto. Ogni tentativo è destinato a ridursi ad una lunga lista di ingredienti (sci-fi, filosofia, parodia, avventura, pulp, sperimentazione linguistica) incapace di restituire la pienezza della scrittura dickiana, l'abilità con cui non solo sa amalgamare abilmente tra loro quegli ingredienti ma anche rispettarne le specificità. Si tratta di una scrittura che sa tenersi in equilibrio tra questi elementi prendendoli tutti sul serio e, al tempo stesso, scherzando con essi. Non è solo giocoso pastiche, non è freddo eclettismo: Dick è pulsante, visionario, denso. E al tempo stesso miracolosamente leggero, misurato, perfino ovvio. Lo squilibrio avvincente che, nonostante tutto, regna tra questi due poli è la cifra assolutamente personale e insuperabile del suo stile.

Nel libro, ad es., il cambiamento più grande con cui gli uomini si confrontano è certamente l'inversione del loro ciclo biologico vitale. I morti resuscitano e vivono una seconda vita, regredendo progressivamente allo stadio natale fino a che una donna (nel romanzo la scelta della madre sembra essere del tutto casuale) non li ospiterà nel suo utero e ne assorbirà le cellule. Dopodiché dovrà accoppiarsi con un uomo per cedergli lo spermatozoo. Uno scrittore appena un po' più presuntuoso di Dick (o uno senza il suo senso dell'umorismo) avrebbe insistito molto sulle conseguenze esistenziali del rovesciamento morte/vita, sulla restaurazione matriarcale che esso implica etc. Non che speculazioni di questo tipo gli siano estranee, ma Dick le accoglie, le saggia e le offre al lettore senza dargli mai l'impressione di volerlo convincere di una qualche verità profonda. Con la stessa abilità con cui costruisce i suoi sistemi cosmo-teologici, Dick riesce a farli a pezzi in pochi secondi. E ciò nei suoi libri accade quasi puntualmente.

In questo romanzo, comunque, Dick sembra divertirsi a infliggere al lettore gli aspetti meno edificanti e nobili del mondo quotidiano alla rovescia. I pasti vengono rigurgitati e, quando il frigo è di nuovo pieno, le confezioni intere spedite al supermercato. Ma è chiaro che ciò che più lo interessa è il riflesso di questo fatto sulla coscienza, l'interpretazione che ne danno gli uomini. E' chiaro che la nutrizione e l'escrezione in questo mondo rovesciato hanno ruoli invertiti: ci si vergogna di farsi vedere mentre si mangia, mentre "sorbirsi il saté" (questa la pudica espressione usata da Dick) è rito conviviale. Eppure niente, veramente niente, in questo romanzo è gratuito; tutto, anche l'assurdo, ci parla dell'umano. Ce ne parla, anzitutto, perché rovesciandolo in modo assurdo svela quanto di assurdo e casuale ci sia anche nel suo presunto andamento "normale". Ma ce ne parla anche perché proprio nell'assurdo l'umano ci svela ancora le sue speranze, la sua forza di non arrendersi; perché questo costituisce la sua essenza inestirpabile, qualcosa che nessun rovesciamento può annichilire. La salvezza è possibile, dice Dick, e non viene dall'alto ma dall'uomo. Quelli che pensano che il gusto dello sberleffo praticato con questa insistenza non possa che abbassare il livello e l'intensità di un'opera d'arte, togliendogli ogni credibilità (sono gli stessi che non prendono Zappa "sul serio"), non possono apprezzare le straordinarie, emozionanti pagine finali di In senso inverso: l'infinito amore che lega il protagonista – un debole e un fallito assoluto, un Giuda che ha perso tutto, anche la possibilità di salvare l'umanità – al destino di altri uomini che aspettano, come lui, la redenzione.

Ecce robot: come si filosofa coi pugni atomici
Nagai e la dialettica dell'illuminismo

1. Dopo Auschwitz...

La seconda guerra mondiale si concluse con l'esplosione di due
bombe atomiche e la rivelazione degli orrori di Auschwitz. Entrambi simboli a un tempo del potere annichilente e della desolan-
te impotenza cui era giunta la modernità, vennero da subito perce-
piti come eventi assoluti, irriducibili all'uniforme fluire del tempo
storico, buchi neri in cui la razionalità dispiegata dell'occidente
non poteva tenere fisso lo sguardo senza provare una potente ver-
tigine. L'umanità si trovava di fronte al baratro della propria autodistruzione, incapace oramai di distinguere i prodigi e le meraviglie della tecnica al servizio della vita umana dalla logica perversa
dello sterminio di massa, dell'indottrinamento e della repressione.
Il trauma fu grande; scienziati, scrittori e intellettuali compresero
che si era giunti ad una svolta e che senza un cambiamento radicale, l'uomo rischiava l'estinzione anticipata. A seconda delle proprie predilezioni ci si occupò ora dell'uno ora dell'altro simbolo,
ma con la medesima preoccupazione di fondo: portare a tutti la
consapevolezza della necessità di un cambiamento. Albert Ein-
stein e Bertrand Russell redassero e sottoscrissero, assieme ad altri, un allarmato documento sui rischi dello sviluppo nucleare.
Hanna Arendt trovò modo di riflettere sul ruolo svolto
dall'innocente zelo burocratico nella realizzazione dello sterminio
degli ebrei e parlò di "banalità del male".

2. ...tutta la cultura è spazzatura

Altri erano meno convinti che l'innegabile unicità e la tragica ec-
cezionalità dell'evento potesse aprire un nuovo corso nelle vicen-
de umane; men che meno che ciò si potesse fare con lo sforzo
congiunto della Cultura che aveva assistito impotente al massacro.
Adorno annotò mestamente che già scrivere una poesia dopo Auschwitz era "un atto di barbarie".[1] Fu criticato, per questo disfatti-

---

[1] Th. W. Adorno, *Prismi*, Einaudi, Torino 1972, p. 22.

smo, ma poi si corresse: in definitiva, come scrisse nella *Dialettica negativa*, "dopo Auschwitz tutta la cultura, compresa la critica urgente ad essa, è spazzatura".[1] Ma per i pessimisti come Adorno non c'era audience. Nessuno, infatti, sembrava immune dall'idea che qualcosa di sconvolgente era avvenuto e aveva scosso per sempre le tranquille certezze dell'umanità. Incuranti di ciò, industriali che avevano fatto profitti nella Germania hitleriana e politici che avevano addirittura votato la nefanda "legge dei pieni poteri" a Hitler nel 1933, poterono continuare indisturbati i propri affari o diventare capi di stato nella Repubblica Federale tedesca. Contemporaneamente, e mentre le radiazioni atomiche erano ancora lungi dal disperdersi, anche i giapponesi tornavano alla loro vita normale. Il 6 settembre 1945, nasceva a Wajima Go Nagai.

3. Go Nagai

Passare da Auschwitz e Hiroshima a Nagai assomiglia ad un salto mortale nel vuoto o, quanto meno, a una caduta di stile. La generazione cresciuta nei tardi anni 70, tuttavia, ha non solo imparato a declinare la parola "atomico" proprio attraverso l'opera di Nagai, ma ha visto rappresentato vivamente lo sterminio di massa solo attraverso gli occhi meccanici di giganteschi robot a cartoni animati. E non c'è dubbio che la mostruosità e la violenza con cui Nagai condisce le proprie storie abbia costituito in parte il tentativo di razionalizzare la ferita aperta nel ventre e nella coscienza del Giappone dalle bombe di Nagasaki e Hiroshima.

I primi successi di Nagai in patria risalgono alla fine degli anni 60, ma la fama vera e propria lo attende con il violento e nichilista *Devilman* e, ancor di più, con *Mazinga Z*. Siamo nel 1972, di lì a pochi anni il mercato europeo e mondiale verrà invaso dalla mania dei robot giganti con opere come *Kotetsu Jeeg* (1977) e *Altas Ufo Robot* (1979) che furoreggia in Italia e in Francia. Go Nagai si fa notare per la crudezza e la violenza delle immagini e una fantasia sessuale incontenibile che si scatena e si accanisce in forme perverse attraverso trame contorte, situazioni angoscianti e

---

[1] Th. W. Adorno, *Dialettica negativa*, Einaudi, Torino 1970, p. 331.

personaggi più che bizzarri. Il tratto approssimativo e pesante rende ancora più allucinate le atmosfere dei manga; sembra di assistere al delirio di un folle. Le serie televisive sono senz'altro più leggere e digeribili, ma già soltanto l'immaginario che dischiudono è di per sé sconvolgente. L'idea stessa del robot gigante, amplificazione tecnologica del superuomo, meriterebbe un'analisi peculiare: il suo successo presso le giovani generazioni dei tardi anni 70 non può essere casuale. Il potere di attrazione di Nagai merita di essere discusso e messo in relazione con tendenze culturali e sociali più vaste.

4. Perché Adorno

A quel che è dato vedere, certe strutture inconsce sottese alla saga di Mazinga sembrano illustrare alcune tesi sulla razionalità occidentale rese famose da Th. W. Adorno e M. Horkheimer nella *Dialettica dell'illuminismo*. Di questo misterioso e imprevedibile collegamento ci occuperemo qui, anche se il tentativo di fecondare l'opera truce e visionaria di Go Nagai con la dialettica adorniana sembra destinata al fallimento prima ancora di iniziare. Basta leggiucchiare la trama di *Mazinga Z* per rendersi conto che il mondo di Nagai è in pieno quello di migliaia di film di serie B, dall'*Uomo con la vista a raggi x* di Corman a *Star Crash* di Cozzi.[1] Se a questo si aggiunge che il formato "seriale" tende ad abbassare anche il livello tecnico del prodotto (l'animazione è guidata dal principio del risparmio dei fotogrammi: si ripetono identiche o a malapena invertite intere sequenze; la musica è prefabbricata e appiccicata alle scene in modo meccanico e ripetitivo; l'approfondimento psicologico dei personaggi è quasi ovunque scadente etc.) i dubbi sembrano giustificati. Cosa ha a che vedere il Centro di Ricerche per l'Energia Foto-atomica con la terminologia hegeliana? Come

---

[1] Per informazioni dettagliate sulla trama di questo e altri lavori di Nagai si veda: M. Pellitteri, *Mazinga nostalgia*, Castelvecchi, Roma 1999, pp. 403 e sgg. Per immagini e altro materiale su Mazinga Z si può consultare: *Mazinga Zeta*, in Go Nagai Italian Hompage, disponibile su WWW http://ldf.plion.it/nagai/index_ita.htm.

possono categorie estetiche costruite attorno ai geroglifici beckettiani e alle dissonanze schönberghiane adattarsi agli improbabili Golem tecnologici del Dr. Kenzo Kabuto e accogliere le marcette trionfanti di Kikuchi? Per il buon senso accademico sembra che la vicinanza con Adorno sia destinata semplicemente ad annichilire Go Nagai, a etichettarlo come fenomeno di consumo, kitsch e ideologico; ogni serio confronto, sembra condannato a scadere nel ridicolo. Tale opinione si basa tuttavia su una riduzione di Adorno a cliché, prodotto non solo della critica postmoderna degli anni 80, ma anche dell'apocrifo adornismo cresciuto nelle serre accademiche di mezzo mondo. Secondo questo adornismo, l'estetica di Adorno dovrebbe ritrarsi con orrore di fronte ad ogni prodotto dell'industria culturale, per cercare rifugio in quella "grande arte" che, sebbene in crisi e in via di sparizione, costituirebbe l'ultimo baluardo protettivo del soggetto contro l'imperante massificazione e omologazione. Dal lato opposto il postmodernismo si schiera dalla parte dell'industria culturale e dei suoi adepti, pronti ad osannare come genio ogni nuovo fenomeno che riesca a farsi strada sul mercato. Analizzare le opere di Nagai può mostrare quanto fasullo sia quella interpretazione di Adorno e quanto fasulla sia l'idea che la cultura di massa ha di se stessa.

5. L'industria culturale

I fan sono solitamente ostili di fronte ad ogni tentativo di interpretazione delle opere, diffidenti verso ogni "intellettualismo" e ogni accenno di critica. Il fatto, ad esempio, che qui si intenda commentare opere di basso profilo, secondarie e commerciali come *Mazinga Z* e non, ad esempio, il "capolavoro" *Devilman*, viene visto dal saccente intenditore di manga come un affronto o la prova di una fastidiosa incompetenza. Questo modo di resuscitare la vecchia distinzione tra arte "nobile" e arte "inferiore" all'interno della stessa cultura di massa è davvero risibile. Nagai mette in questione anche questa tendenza recente alla nobilitazione dell'ignobile, mostrando come i fermenti critici siano tenuti desti nell'industria culturale proprio in ciò che la allontana dalla Cultura del privilegio, affermativa [1], di classe, piuttosto che dalle sue pretese di essere "arte" anch'essa. Simili pretese invece che nobilitarla, la trasformano in parodia dell'arte che fu. Adorno e Horkheimer lo misero bene in evidenza nella *Dialettica dell'illuminismo*, un testo che non contiene solo una critica radicale dell'industria culturale, ma cerca di delineare quei tratti che potrebbero portare oltre la sua oggettiva funzione di indottrinamento e di inganno di massa.[2]

6. Piegare le regole

Questo aspetto, totalmente censurato dalla critica pseudo-adorniana successiva, è stato recentemente messo ben in luce da E. Leslie proprio a proposito dei film a cartoni animati: "La tecnologia [...] ha dischiuso opportunità all'arte [...] Ma la tecnologia stessa lega questi film al grande business e questo imprime un certo carattere ideologico ai suoi prodotti. C'è dunque una contraddizione oggettiva e una possibilità per la critica. Soprattutto la cultura più bassa sfugge al mediocre compromesso di molti prodotti dell'industria culturale. Accade facilmente che film di genere come 'western', gangster o horror siano superiori ai 'pretenziosi film

---

[1] "Per cultura affermativa intenderemo quella cultura che, propria dell'epoca borghese, ha portato, nel corso del suo sviluppo, a fare del mondo dell'anima e dello spirito un regno autonomo di valori, a staccarlo dalla civiltà materiale per innalzarlo al di sopra di questa. Il suo tratto più caratteristico è l'affermazione che c'è un mondo di valore superiore ed eternamente migliore, il quale è impegnativo per tutti e va approvato incondizionatamente". H. Marcuse, "Sul carattere affermativo della cultura", in *Cultura e società*, Einaudi, Torino 1969, p. 50.

[2] L'*amusement* in quanto tale non è negativo per Adorno, nonostante quanto comunemente si dica. Se anzi esso potesse emanciparsi totalmente dalla pretesa di avere un senso o di essere finalizzato a qualcosa di "positivo" (non ultimo il bisogno stesso di "distensione" che, secondo l'industria, giustifica la sua esistenza) esso diverrebbe addirittura un correttivo della seriosità autistica dell'arte contemporanea. Cfr. Th. W. Adorno – M. Horkheimer, *Dialettica dell'illuminismo*, Einaudi, Torino 1994, pp. 151-152.

di serie A'. Ciò che è offensivo è l'aspirazione ad essere 'unici' quando la produzione è di fatto così standardizzata".[1] Non è imitando l'arte borghese e la sua pomposità che l'industria culturale guadagna autonomia e si svincola dalla logica della commercialità. Un autore come Nagai che si piega di buon grado ai diktat delle case produttrici riesce con leggerezza a piegare quella logica ai propri scopi. Perseguendo senza scrupoli i propri incubi, insufflandoli in una struttura rigida e precostituita, Nagai arriva a mettere in questione quella struttura, a trascinarla nel proprio incubo, farla momento della sua macchina visionaria.

7. Una fantasia dirompente
Da questo punto di vista *Mazinga*, e parliamo della serie tv, è più vero e più radicale di *Devilman*. Una caratteristica evidente e rinomata del lavoro di Nagai è la messa in scena esplicita e senza riserve della violenza e del sesso. Occorre anzitutto rovesciare la credenza che laddove questi elementi vengono edulcorati (nella saga di *Mazinga* rispetto a *Devilman* o, in generale, nelle serie televisive rispetto ai manga), l'*arte* di Nagai ne risenta. Le serie tv, chiaramente adattate ad un pubblico più giovane, rivelano infatti un ingegno lodevole, impegnato a sfruttare al meglio i modesti mezzi a disposizione e gli evidenti limiti di formato e di censura. Inoltre, molto del valore oggettivo dell'immaginario di Nagai passa attraverso una rielaborazione *inconscia* dei traumi che la vita moderna fa vivere al soggetto. È ingenuo credere che la drammatizzazione esplicita della violenza sia garanzia di qualità o di artisticità di un prodotto. L'elemento dirompente, da identificarsi sicuramente col binomio sessualità-violenza, così crudamente messo in scena in *Devilman*, viene radicalmente *sublimato* in *Mazinga*; tale sublimazione fa esplodere l'immaginario di Nagai, portandolo ad amplificare oltre misura la propria fantasmagoria delirante, che altro non è che una proiezione del vissuto sadomasochistico imposto all'individuo dalla società post-industriale.

---

[1] E. Leslie, *Hollywood Flatlands. Animation, Critical Theory and the Avant-garde*, Verso, London-NY 2002, p. 182.

8. Compensazione dell'Io

La stessa idea del robot gigante nasce, stando alle cronache, da un evento quanto mai quotidiano; pare che, trovandosi imbottigliato nel traffico, Nagai abbia esclamato: "Se da un'automobile uscissero braccia e gambe e potesse così scavalcare tutte le altre auto, non ci sarebbero più problemi di code".[1] Anche se questo aneddoto fosse falso, il suo rapporto con la struttura inconscia dell'opera di Nagai rimarrebbe vero. Il colosso meccanico cui Nagai assegna il compito di salvare l'umanità, rappresenta una proiezione superomistica del proprio debole ego, il bisogno di superare un'impotenza reale attraverso la rappresentazione di un'onnipotenza immaginaria. Non per questo Mazinga si riduce a referto clinico, parto di una mente malata (come talvolta dicono sghignazzando certi fan). Se la leggenda del mostro di Loch Ness e *King Kong* sono "proiezioni collettive del mostruoso stato totale"[2], il successo di Mazinga Z mostra quanto Nagai – e sia pure dando libero sfogo a frustrazioni adolescenziali – abbia avviato un processo di proiezione collettiva volto a riscattare l'impotenza cui il singolo è ridotto in una società di massa ipertecnologica e amministrata dall'alto. I robot di Nagai, giganteschi falli meccanici, sono meccanismi di compensazione dell'io.

9. Esaudire i desideri

Il grande successo di Mazinga Z, il fascino che ha esercitato sulle giovani menti degli spettatori, è legato alla elementarità della sua concezione. Paragonato ai suoi successori, dal Grande Mazinga ai peggiori epigoni, Mazinga Z è quasi un'icona dell'Elementare e dell'Originario, paragonabile al monolite di *2001 Odiessea nello spazio*. Tutti gli ingredienti della sua presentazione sono diretti a dare il senso della sua prepotente e primitiva maestosità: entra in scena inquadrato dal basso, un accorgimento che ne sottolinea con

---

[1] Citato in "Iron Z e gli imbottigliamenti stradali", *Mangazine*, Granata Press, Nov./Dic. 1992

[2] Th. W. Adorno, *Minima moralia*, Einaudi, Torino 1994, p. 131.

un colpo d'occhio l'enormità; il corpo è modellato su quello umano, ma in forma estremamente lineare e semplificata; tale linearità riceve tuttavia una profondità straniante dalla lucentezza del metallo di cui è costituito (non va dimenticato che la "lega Z" con cui è costruito Mazinga Z, è anche il segreto della sua *invincibilità*). Messo voluttuosamente in mostra come oggetto del desiderio, Mazinga è anche la promessa di poter esaudire ogni desiderio, soprattutto i più brutali e inconfessabili. Il fatto che la violenza distruttrice racchiusa in esso sia sempre "volta al bene", il fatto che, in fondo, si tratti sempre di "violenza difensiva", è un velo di razionalizzazione che nasconde e giustifica il bisogno di sfogare il sadismo introiettato con la rappresentazione delirante e spettacolare di devastazioni immani.

10. Umanizzazione della macchina

L'identificazione con il robot, piuttosto che con il pilota del robot, è suggerita non solo dalla presentazione (violenta e seducente da un punto di vista percettivo) ma anche alle dinamiche che mostrano il robot in azione. In *Mazinga Z* e in *Jeeg*, più ancora che nel *Grande Mazinga* o in *Goldrake*, il rapporto con la macchina è immediato, l'uomo d'acciaio si fa prolungamento diretto del corpo che comanda il robot dall'interno: probabilmente il combattimento è portato avanti in modo più "fisico" dove il numero di armi a disposizione è più limitato. mentre in *Jeeg*, il fatto che Hiroshi Shiba si trasformi letteralmente nella testa del robot, invece di guidarlo platonicamente come una nave, sembra comportare una maggiore padronanza dei movimenti e una più ampia libertà di azione. La simbiosi tra il pilota e la macchina si rivela non solo nella sofferenza che il pilota sperimenta quando la sua macchina è colpita, ma anche, inversamente, dai tratti antropomorfici che Nagai lascia trasparire un po' ovunque. I robot sembrano ansimare, gioire, soffrire. Umanizzando la macchina si rende più efficace il transfert affettivo nei suoi confronti. Essa è a un tempo rigida e sensibile, inanimata e vivente, e in tal modo incarna, in forma di proiezione all'esterno, il rapporto scisso dello spettatore col proprio corpo.

11. Mazinga come espressione dell'uomo cibernetico

È ciò che Fromm chiama il fenomeno dell'uomo "cibernetico", che vive in un mondo talmente artificiale e permeato dalla tecnica da non poter vivere il proprio corpo che come "strumento". Nel suo amore per la pulizia e l'efficienza della macchina l'uomo contemporaneo ha, per così dire, introiettato il sadismo implicito nel potere manipolante della tecnica. L'amore per la fredda vitalità della macchina, per il suo funzionamento ordinato e controllato, vengono definiti da Fromm un rovesciamento della *necrofilia* che è lo stato estremo in cui si manifesta il sadismo. L'amore per la morte è lo stato degenerativo dell'odio per la vita che caratterizza l'atteggiamento sadico; la tecnologia mette in mostra questo totale rovesciamento non solo dell'istinto di vita in istinto di morte, ma della stessa percezione di ciò che è vivo e di ciò che è morto. Il mondo della tecnica è "un mondo di morte. La morte non è più rappresentata simbolicamente da feci o cadaveri maleodoranti. Ora i suoi simboli sono macchine linde, scintillanti; gli uomini non sono più attratti da gabinetti fetidi, ma da strutture di vetro e alluminio".[1] Rifuggendo ciò che considera malato, infetto, contagioso, la tecnologia aspira a realizzare un mondo asettico, ordinato e prevedibile. L'ambivalenza di questo atteggiamento si mostra nel fatto che espungendo il brulicante, l'informe, l'imprevisto, tutto ciò che non si adatta allo schema, di fatto si espunge la vita stessa. L'ordine e la pulizia, che erano finalizzati al mantenimento della vita, si rovesciano in simboli di morte (e l'*ossessione* per l'ordine e la pulizia ha condotto alle ben poco simboliche camere a gas).

12. Razionalità strumentale e repressione della sessualità

La razionalità tecnica è asessuata, una razionalità che ha rimosso, assieme al ricordo della propria origine animale (di cui sporcizia e disordine non sono che trasfigurazioni), anche la sfera della sessualità. Di tutto questo testimonia il design elementare, lineare, geometrico e *asessuato* dei robot di Nagai. Ciò che colpisce nella

---

[1] E. Fromm, *Anatomia della distruttività umana*, Mondadori, Milano 1975, p. 437.

raffigurazione schematica dell'uomo che Nagai ha scolpito in Mazinga Z è l'assenza del fallo, un'assenza che si fa violenta rimozione, evirazione. Ma questa rimozione ha anche la sua controparte: è inevitabile, infatti, la tendenza a "risessualizzare" inconsciamente elementi sostitutivi. Non solo le armi (il missile sparato dallo stomaco o la spada del Grande Mazinga, ad es.) ma, come si è detto, il robot nel suo complesso svolge la funzione di sostituto del fallo; la sessualità virtualmente espunta, si ripresenta tanto più violentemente e prepotentemente. Ancora di più nelle figure robotiche femminili, sempre in funzione ancillare rispetto all'eroe e destinate, per definizione, a venire battute (in senso letterale) e a subire violenze di ogni tipo. Afrodite A e Venus Alfa, sono un irresistibile coacervo di allusioni sessuali. L'assenza della vagina viene bilanciata dal peso attribuito al seno e alle dita, sede delle armi principali dei robot. I missili che partono da queste sedi sembrano alludere alle soddisfazioni erotiche e autoerotiche tradizionalmente connesse alle rispettive zone del corpo femminile.

13. Le potenze del caos

Ma l'ambiguità dell'immaginario di Nagai si mostra con maggior forza nella rappresentazione delle forze oscure e malvagie e nella dialettica male-bene. Soprattutto nel *Grande Mazinga* i personaggi negativi sono costruiti in base alle leggi dell'associazione selvaggia e senza freni, veri e propri capolavori surreali. Rispetto all'ordine e alla simmetria che caratterizza i robot "positivi", i personaggi malvagi rappresentano il caos, la mostruosità, il trionfo di ciò che è sporco e vile. I generali dell'armata delle tenebre si distinguono perché rappresentano, attraverso forme animali, ciò che è estraneo all'umano: rettili, volatili, pesci, mammiferi, demoni. Il generale Juri Caesar, capo dell'esercito "antropomorfo", è niente più che una parodia dell'umano. E comunque già dal nome testimonia di voler rappresentare la disumanità dell'uomo, l'umanità nei suoi aspetti meno edificanti. Ma l'intenzione di Nagai di voler descrivere la "mostruosità" dell'esercito del male tende a rovesciarsi ambiguamente nel suo opposto. Sorge il sospetto che mostruoso, nero e maligno sia il mondo piattamente luminoso del Grande Mazinga. Già il fatto che l'imperatore "delle tenebre" sia, in realtà, un essere fiammeggiante è un lapsus da non trascurare. I cattivi sono caratterizzati dalla asimmetria, dalla sproporzione e dal mescolamento di elementi eterogenei. Sono monumenti alla disfunzionalità. Tutti i personaggi hanno due teste; la testa che poggia sul collo è regolarmente quella che non parla (probabilmente uno stratagemma per risparmiare fotogrammi preziosi;[1] quando i cattivi parlano viene spesso inquadrata la testa muta); l'altra si trova il più delle volte conficcata nel petto. Ciò è dovuto al fatto che ogni generale dell'esercito del male (la civiltà ipertecnologizzata dei micenei sopravvissuti nel sottosuolo per migliaia di anni), ha potuto sopravvivere solo impiantando il proprio corpo in un mostro meccanico gigantesco. Da questo semplice pretesto narrativo, Nagai trae le più divertenti divagazioni sul tema. Il duca Gorgon ha il troncone innestato su un corpo di tigre. Il ministro Argos ha una specie di registratore a bobine impiantato nel petto; la testa sostituisce una delle due mani e la barba giunge fino a terra fungendo da bastone (qualcosa di simile si vede nei "bastoni di appoggio" di certi quadri di Dalì). La marchesa Yanus abita regolarmente in uno dei due seni (e dove altrimenti?) del proprio mostro meccanico, ma è anche l'unica che può scorporarsi dal mostro e uscire all'esterno col suo corpo normale. In queste uscite, del resto, si materializza regolarmente un gatto nero sulle sue spalle, una sorta di Behemoth nipponico. Essa è anche l'unica ad avere, di fatto, tre volti diversi: il suo volto normale, perfidamente bello, si trasforma in quello orrendo di una strega attraverso una rotazione a 360° che ricorda da vicino il coevo *Esorcista*. Sul suo corpo meccanico è incastonata una serie di sfere metalliche dorate che richiamano la collana di perle che adorna il suo collo umano. Se la bocca perennemente spalancata del mostro meccanico ricorda certe bamboline per l'autosoddisfacimento erotico, la presenza delle zanne associa al desiderio della penetrazione il terrore della vagina dentata ecc.

---

[1] Ringrazio D. Timpano per questa osservazione. Buona parte di questo articolo nasce da riflessioni fatte in comune su questi argomenti.

14. La vendetta di una modernità fallita

I generali dell'esercito delle tenebre incarnano una disfunzionalità cronica della vita che si ostina a vivere. Essi testimoniano il ritorno del rimosso, l'incubo che la razionalità si è lasciata alle spalle e che vuole non solo dimenticare, quanto distruggere e scongiurare per sempre. Gli imperi malvagi che minacciano la pace[1] che regnerebbe sulla terra vengono dal sottosuolo: in *Mazinga* sono i Micenei redivivi, in *Jeeg* il misterioso impero Yamatai. Forme di vita arcaiche, decadute e sopravvissute anacronisticamente, minacciano la vita attuale, tentando di riportarla alla barbarie, di farla regredire. In entrambi i casi si tratta anche di una lotta in cui sembra essere in gioco una dialettica tra tradizione e modernità. In *Mazinga Z* e nel *Grande Mazinga* è una forma degenerata di "occidente" (i greci come culla della razionalità occidentale) a minacciare il Giappone che riesce a difendersi grazie alla lega Z, costituita da un metallo trovato sotto il monte Fuji – il Japanium (la tradizione) – sottoposto a radiazione (l'apporto della modernità). In *Jeeg* è la stessa gloriosa tradizione giapponese (l'impero Yamatai) a minacciare un Giappone modernizzato e decadente (il protagonista Hiroshi Shiba è vestito alla Elvis); è come se il Giappone fosse minacciato dall'incessante desiderio nazionalista di regredire ad un passato di potenza e prestigio, minacciato dalla decadenza importata dall'occidente. Lo scenario tracciato da Nagai è raramente univoco e limpido; ma la sua forza è probabilmente legata all'ostinazione con cui scava nel torbido. La sfera del rimosso, di una forma di esistenza che il genere umano si è lasciato alle spalle, si mostra nella sregolatezza della vita animale e della violenza diretta, della sessualità non irreggimentata e, dunque, della sporcizia e del disordine; ciò che la ragione ha soppresso ai fini della pro-

---

[1] Solo questa assurdità dovrebbe far riflettere sulle vere intenzioni di Nagai e sul presunto valore "positivo" della violenza usata dai buoni. Il tema della pace nel mondo che si tratterebbe di conservare è talmente risibile da apparire quasi sarcastico. È chiaro che Nagai lo usa, coscientemente o meno, come pretesto, come cliché e, nel momento in cui lo riduce a frase fatta, lo destituisce di ogni fondamento.

pria autoconservazione torna a torturarlo e minacciarlo nella sua autonomia come incubo e, nel trionfo apparentemente totale della tecnica planetaria, come ossessione. "Il dominio dell'uomo su se stesso, che fonda il suo Sé, è virtualmente ogni volta la distruzione del soggetto al cui servizio essa ha luogo, poiché la sostanza dominata, oppressa e dissolta dall'autoconservazione, non è altro che il vivente, in funzione del quale soltanto si definiscono i compiti dell'autoconservazione, e che è proprio ciò che si tratta di conservare [...] La storia della civiltà è la storia dell'introversione del sacrificio: la storia della rinuncia".[1]

15. L'orrore mitico e la genesi dell'Io

L'illuminismo, dicono Adorno ed Horkheimer, torna a rovesciarsi in barbarie perché "ha un orrore mitico del mito"[2], di perdere cioè ciò che ha guadagnato attraverso immani sacrifici: "l'umanità ha dovuto sottoporsi a un trattamento spaventoso, perché nascesse e si consolidasse il Sé, il carattere identico, pratico, virile dell'uomo e qualcosa di tutto ciò si ripete in ogni infanzia".[3] Lo sforzo che dall'esistenza animale ha condotto a quella umana e che ad ogni infanzia conduce dal perverso polimorfo all'adulto civilizzato produce incessantemente la tentazione di lasciarsi andare, di regredire all'amorfo: "l'ebrezza narcotica, che fa espiare l'euforia in cui il Sé resta come sospeso con un sonno simile alla morte, è una delle antichissime istituzioni sociali che mediano fra l'autoconservazione e l'autoannientamento, un tentativo del Sé di sopravvivere a se stesso".[4] Il dominio della tecnica che democratizza e introietta la violenza della natura come violenza sulla natura, non è che la prosecuzione inconsapevole di quella: natura che continua a urlare la propria insoddisfazione dall'interno della cultura. Solo la consapevolezza critica di questo meccanismo di ri-

---

[1] Th. W. Adorno – M. Horkheimer, *Dialettica dell'illuminismo*, cit., p. 62.
[2] Ibid., p. 37.
[3] Ibid., p. 41.
[4] Ivi.

mozione potrebbe allentare la presa sulla natura. Nel ritorno del rimosso che vuole disgregare il Sé, ricondurlo all'amorfo e all'indistinto si esprime l'idea della natura finalmente conciliata: "l'angoscia di perdere il Sé, e di annullare, col Sé, il confine tra se stessi e il resto della vita, la paura della morte e della distruzione, è strettamente congiunta ad una promessa di felicità da cui la civiltà è minacciata in ogni istante".[1]

16. La distruttività del bene e l'idea di conciliazione in Nagai

A questa consapevolezza allude la dialettica di bene e male nell'opera di Nagai. Il male dipinto da Nagai assomiglia alla vera vita, alla voce della natura repressa. La natura violenta e turba la coscienza perché la coscienza non è altro che violenza sulla natura.[2] Come ritorno del represso essa reca le cicatrici della natura mutilata e violentata dalla razionalità strumentale. In questa sua menomazione traspare la possibilità di riconoscere e, quindi, allentare la morsa del dominio. Al dominio, di contro, corrisponde proprio quel bene trionfante e distruttore incarnato in Mazinga, nella cui rigidità e vuota simmetria trionfa la mimesi del morto. Il principio che alla violenza non possa che rispondere la violenza viene ideologizzato, complice lo stesso Nagai, con il discorso vago ed ambiguo della natura "difensiva" della violenza messa in atto da Mazinga. Questo discorso non tiene. L'identificazione sadica con la distruttività di Mazinga possiede un valore in sé e viene incoraggiata da tutti gli accorgimenti tecnici del caso. La stessa struttura narrativa/emotiva dell'episodio (stasi – complotto nemico – attacco nemico – entrata in scena dell'eroe – problema – soluzione – vittoria – stasi) è intrinsecamente masturbatoria e violenta lo spettatore all'interno di un ritmo sempre uguale a sé stesso. Nella sua prevedibilità e ciclicità tale struttura si rivela tanto funzionale quanto, in fin dei conti, inutile e assurda. Ci si lascia andare ad

---

[1] Ivi.

[2] "Nella coscienza che lo spirito ha di sé come natura in sé scissa, è la natura che invoca se stessa, come [...] qualcosa di mutilo e cieco". Ibid., p. 47.

essa solo perché la vittoria finale è garantita, non con la speranza di vivere qualcosa di davvero nuovo. Essa fornisce, come in genere fanno i prodotti dell'industria culturale, una parvenza di esperienza e di novità, dietro cui si cela il ritorno dell'identico.[1] Tutti gli elementi che consapevolmente vanno a costituire la struttura, per non dire del sistema di valori, dell'opera sono regressivi e ideologici. Talvolta in forma così palese da risultare imbarazzante. Tetsuja Tsurugi, il protagonista del *Grande Mazinga*, dimostra una freddezza ed una incapacità di partecipare alle sofferenze degli altri che denotano chiaramente un carattere psicotico.[2] Oppure si pensi alla misoginia con cui è dipinto il personaggio di June, destinato regolarmente ad essere sconfitto dai nemici per dimostrare la superiorità di Mazinga. Tetsuja non perde occasione per prenderla in giro e ricordarle la sua inferiorità. Niente di tutto questo accade nelle file dei malvagi, dove la marchesa Yanus è non solo rispettata, ma porta costantemente a termine e con ottimi risultati piani diabolici e complessi, rivelandosi parecchio più intelligente della sua controparte buona. Non è insomma nel dipingere eroi positivi e nel trovare una giustificazione alla violenza che Nagai si svincola dai condizionamenti ideologici dell'industria culturale. È, semmai, la potenza visiva delle sue intuizioni a restituirci un quadro complesso che eccede e, alla fine, rovescia l'ideologia corrente. La sua percezione delirante della realtà e le risposte che egli dà agli enigmi da questa sollevati, mostrano come la dialettica tra dominio e natura, l'intreccio di vita e morte, distruzione e conciliazione sia costitutivo per la definizione stessa di razionalità.

---

[1] Ibid., pp. 126 e sgg.

[2] Le sue tendenze sadomasochistiche vengono peraltro evidenziate nell'episodio n. 36, "Rinascita d'amore", in cui si lascia quasi distruggere per punirsi di aver ucciso il cagnolino di una bambina, ricattandola moralmente fino a che questa non cede e lo perdona. A quel punto Tetsuja sfoga trionfalmente tutto il proprio sadismo represso sul mostro che lo attacca.

De disgustibus disputandum est
Mostri, contagi e mutazioni nell'opera di Frank Zappa

1. *Introduzione alla zappologia*

Una discografia "giacobina" quella di Zappa che ha messo sottosopra la musica del XX secolo così come Marx aveva messo sulla testa la dialettica di Hegel. Una discografia giacobina quella presentata qui, perché volutamente *di parte*, estremista. Una discografia che vuole illustrare l'opera di Zappa attraverso i suoi 'estremi' e renderne la profondità a partire dalle linee essenziali. Una discografia che vuole al tempo stesso essere un'introduzione alla Zappologia, perché una delle grandi qualità dell'opera di Zappa è quella di presupporre un ascolto *attivo* che muove, spinge, costringe alla decodificazione, all'analisi, all'interpretazione. Non si può amare veramente la musica di Zappa senza diventare *ipso facto* zappologi: l'opera di Zappa è refrattaria alla contemplazione come il diavolo all'acqua santa.

Niente potrebbe dimostrarlo meglio dell'esordio zappiano, il cui titolo *Freak Out!* (Luglio 1966) è un esplicito invito alla liberazione dell'intelligenza, all'emancipazione dell'immaginazione e alla coltivazione dell'istinto. Il gioco e il *tour de force*, l'ironia e il cinismo, l'avanguardia, il blues, un doppio crinale attraversa tutta l'opera di Zappa e già in questo esordio (il primo disco doppio della storia del rock!) è evidente la divisione netta tra canzoni dalla struttura più o meno rigida e un'intera facciata di mostruosità sonore infor-mali. Tra il 'modernismo' radicale di *Lumpy Gravy* (Dicembre 1967) – un collage che centrifuga generi musicali, rumori e dialoghi assurdi – e il 'neoclassicismo' demenziale di *Cruising With Ruben & The Jets* (Novembre 1968) – che si cala nella canzone doo-wop per offrirne una lettura straniante (una versione sgangherata del *Pulcinella* di Stravinskij insomma...) – è forse *We're Only In It For The Money* (Febbraio 1968) che compendia al meglio l'uni-verso sonoro di Zappa e delle Mothers Of Invention. Sia dal punto di vista della forma (collagismo, canzoncine di 'cretina semplicità', bruitismo, voci alterate, siparietti psichedelici, tempi dispari, passaggi atonali per piccola orchestra) che del contenuto (una critica feroce dell'ideologia hippy che stava annacquando la rivolta giovanile e la tensione sociale nell'estate dell'amore),

Zappa gioca a spiazzare l'ascoltatore, a renderlo consapevole dei processi mostruosi che si celano dietro l'apparenza delle cose [vedi la copertina di *Weasels Ripped My Flesh* (Agosto 1970) in cui l'uomo si squarcia la faccia con il gesto più comune: radersi]. Ma l'opera di Zappa è mostruosa, è una montagna di spazzatura perché il mondo stesso lo è. Come Adorno scriveva: "dopo Auschwitz tutta la cultura, compresa la critica urgente di essa è spazzatura"; il campo di concentramento in cui è stipata l'orchestra del film *200 Motels* (Ottobre 1971) sembra dirci lo stesso. Ma sarebbe un errore considerare l'elemento 'spiazzante' della musica zappiana come un fine in sé, come una mera pro-vocazione che sceglie i suoi oggetti con cinica freddezza e indifferenza. Zappa ha invece un amore sconfinato per il suono, il rumore e, soprattutto, la *musica*: se il suo è davvero 'terrorismo sonoro' – come è stato definito – mostra un tale amore per il dettaglio da risultare forse molto più pauroso e devastante quando lo si analizza, che non per la forza immediata di rottura che esplode al primo ascolto. La complessa costruzione che Zappa mette in mostra e che chiama Progetto/Oggetto comprende, infatti, non solo musiche e testi dei suoi brani, ma anche copertine, film, concerti e interviste, tutto ciò su cui Zappa è riuscito ad avere un qualche effetto 'compositivo'. Il ritorno ossessivo di melodie in perpetua mutazione da una canzone all'altra ('Mr. Greene Genes', 'Son of Mr. Greene Genes'... come i mostri nei film *sci-fi* a basso costo degli anni 50 che Zappa adorava), di parole, temi e immagini (Suzy Creamcheese, il cane barbone, il sofà) definiscono quella che Zappa chiama "continuità concettuale": una trama di sensi aperta e assurda ma incredibilmente coerente che si dipana di disco in disco, di concerto in concerto. È *come se tutto stesse accadendo nello stesso momento*: *Uncle Meat* (Marzo 1969) è la colonna sonora di un film che vide la luce solo trent'anni dopo (che il ritardo abbia avuto origine da problemi economici è questione di dettaglio se si pensa che anche Ob' dewlla 'X' si è manifestata dieci anni dopo la sua prima fugace apparizione).

Zappa lavorava con ciò che aveva a disposizione, si adattava alle circostanze cercando di fare in modo che il risultato dei suoi sforzi fosse sempre una monade da cui si sprigionava il potere liberatorio di tutta la sua opera: che sia l'organico rock scarno e brutale di *Just Another Band From L.A.* (Marzo 1972) o gli arrangiamenti per jazz-rock orchestra di *The Grand Wazoo* (Novembre 1972) non fa differenza.

Ma i suoi dischi sono monadi anche perché spesso racchiudono in sé l'esperienza di un'epoca e sono difficilmente comprensibili. Come *Money* rovesciava fin dalla copertina l'ideologia hippy, mettendo in scena contro l'idealismo disincarnato di questo ("Absolutely Free") il corpo con le sue brutture (i "peli che crescono da ogni mio buco": "Concentration Moon"), così *Over-Nite Sensation* (Settembre 1973) e *Apostrophe(')* (Marzo 1974) furono dei veri calci in faccia alla seriosità imbecille dell'art-rock dell'epoca che pensava di aver reso 'adulto' il rock colandolo in forme pseudoclassicheggianti invece che nella vecchia forma strofa-ritornello. Anche le canzoni di Zappa non sono più canzoni, ma a differenza del sinfonismo rock (Yes, ELP) non si gonfiano di vuota presunzione, piuttosto fanno esplodere la forma-canzone rendendola un ricettacolo di un'esperienza musicale *in divenire* in cui meticolosa progettazione e triviale casualità, riff di chitarra e svolazzi di vibrafono, volgarità documentaria e libere associazioni si fondono *all'imperfezione*. Non offrono un modello fasullo di linearità, coerenza e completezza: sono sghembe e traballanti, ma al tempo stesso infinitamente complesse e stratificate, gli assoli di Zappa le squarciano e le sfilacciano oltre ogni misura eppure mostrano una tessitura definita fin nelle minuzie più impensabili. Sono 'arte' proprio perché – a differenza dell'art rock – non pretendono di essere 'grande' arte. L'aspetto allucinatorio dell'arte zappiana sta in questo procedere spedito dal regno delle idee all'immondizia (come già il *Parmenide* di Platone insegnava), dalla sommità dello spirito alla trivialità dell'eiaculazione: quando Zappa parla di Dio, ne parla come di un signore col sigaro che sta su un sofà svolazzante nell'universo e ha relazioni promiscue con "la sua ragazza" e un "maiale magico". La copertina di *One Size Fits All* (Giugno 1975) è un monumento allo sguardo infantile sul mondo, uno sguardo che non può che immaginarsi Dio come un signore con la barba e che è molto più vicino alla verità di tutta la speculazione sull'ineffabile di Dionigi Areopagita.

Zappa fu anche un grande innovatore e sperimentatore ma come tutti i veri innovatori innovò con incredibile naturalezza, servendosi della tecnica come fosse un prolungamento del suo braccio e non il contrario. Dal punto di vista della tecnica di registrazione – che già con i Beatles di *Sgt. Pepper* era diventata parte integrante del processo compositivo – ci ha regalato la 'xenocronia' (strana sincronizzazione) a partire da *Zoot Allures* (Ottobre 1976), *Sheik Yerbouti* (Marzo 1979) e *Joe's Garage* (Novembre 1979). Si tratta di un processo di sovrapposizione di tracce registrate in occasioni, tempi, tonalità e velocità differenti che costituiscono qualcosa di assolutamente nuovo ed inaudito. Ma anche prima Zappa aveva fatto in modo di trascrivere (o far trascrivere) i propri assoli in modo da poterli arrangiare e orchestrare, intuendo e abbozzando in modo pratico-artigianale ciò che solo in seguito teorizzò e realizzò grazie al progresso tecnico. Così come Webern – spinto da un'esigenza che il comporre stesso gli imponeva – cominciò a segnarsi le note che utilizzava per evitare di ripeterle prima che Schönberg teorizzasse e portasse a compimento questo procedimento 'inventando' la tecnica dodecafonica. I romantici avevano ragione: esiste il genio. Ma non è tale perché *crea*, quanto perché capisce prima degli altri.

Shut Up 'N' Play Yer Guitar (Maggio 1981) è costruito tutto su assoli di chitarra ed è al tempo stesso un monumento alla tecnica chitarristica zappiana. Zappa non era un virtuoso dello strumento ma aveva, forse proprio per questo, la capacità di rendere ogni assolo un momento di effettivo confronto con lo strumento, piuttosto che un modo di mettere in mostra la propria abilità tecnica (che comunque era notevole). Di impostazione prevalentemente blues, il suo fraseggio nervoso è riconoscibilissimo ma sempre imprevedibile: 'grumi' di note, scale modali e orientaleggianti, sbavature sui registri bassi che sottolineano la matericità del suono (come gli effetti di *chorus* e wah-wah che non sono mai estetizzante e decorativi). Zappa organizza da compositore lo spazio dell'assolo senza perdere mai l'intensità del chitarrista.

Quando venne prodotto il synclavier – un'apparecchiatura MIDI capace di eseguire partiture – Zappa se ne impossessò, lieto di poter finalmente ascoltare la propria musica senza avere a che fare con "gli ego del cazzo" dei musicisti. Anche qui la sua capacità di portare la tecnica oltre se stessa è incredibile. Invece di utilizzare lo strumento come mero sostituto dell'elemento umano, Zappa lo spinge verso i suoi limiti di macchina calcolatrice, portandolo non ad imitare l'espressività umana, ma a produrre una propria, paradossale: il cigolio della macchina a pieno regime. Se in *Jazz From Hell* (Novembre 1986) questo processo è appena agli inizi e si avverte ancora una certa piattezza nella sarabanda accecante di questa musica 'impossibile', in *Civilization, Phaze III* (Dicembre 1994) la profondità prospettica, l'articolazione e la ricchezza nelle dinamiche delle partiture è cresciuta in modo esponenziale.

Nonostante quanto si dica in giro, anche fra zappiani, Zappa fu anche un grande compositore di musica 'colta' (nessun compositore accademico d'oggi offre la stessa capacità espressiva senza fare vigliacche concessioni al pubblico o atteggiarsi in patetiche pose pensose). Il problema è che questo aspetto specifico della sua attività non può essere separato dagli altri perché tutta la sua opera è una spietata riflessione sulla mercificazione ed espropriazione capitalistica della musica: ivi compresa la musica d'avanguardia. Anche se amava Penderecky ed essere diretto da Boulez in *The Perfect Stranger* (Agosto 1984) può avergli fatto piacere, lo scopo ultimo e la profonda *raison d'etre* della sua musica non era quello di entrare nel Pantheon della cultura, quanto piuttosto di buttarlo giù a colpi di chitarra e rutti. Non è un caso se ancora tra il 1992 e il 1993 escano sia *Playground Psychotics* (Ottobre 1992) – che è una sorta di gigantesco documentario sonoro e musicale della vita *on the road* con la sua band nei primi anni '70 – che *The Yellow Shark* (Dicembre 1993) in cui le sue partiture trovano finalmente un'esecuzione fedele e partecipe da parte dell'Ensemble Modern. Allo stesso modo, soltanto dopo essere sprofondati nell'abisso della sua arte è possibile capire perché *Thing-Fish* (Novembre 1984) è un capolavoro, come a prima vista non sembra. Questo disco mette alla prova l'ascoltatore, anche il fan incallito, più di ogni altro: è un vero test. Ma ogni precedente disco di Zappa lo era. La musica di Zappa è l'unico test di QI scientificamente valido, perché mette fuori corso il concetto stesso di QI. Niente è stupido o intelligente in sé. Ogni cosa lo è in relazione alla capacità critica del soggetto che si interroga sulla realtà. Le minuzie della sua opera sono un invito alla decifrazione del mondo e non l'infinito gioco con se stessa dell'arte da museo o da concerto. L'orrendo Thing-Fish rivela la verità sul museo e sulla sala da concerto: la musica dolce che ti blandisce dal palco è piscio e dietro ogni bella forma c'è l'abiezione e la mutilazione.

Zappa era tutto questo in modo unico e, forse, irripetibile. La sua grandezza stava nell'intero e non nelle singole parti anche se le singole parti sono costruite in modo tanto accurato che solo da esse si sprigiona la forza dell'intero. Non quindi come in John Cage, dove l'idea astratta domina ogni cosa e rende la musica mero esempio di una 'visione del mondo'. Nella musica di Zappa non c'è spazio per una *Wel-*

tanschauung, nemmeno per la sua. Essa offre piuttosto uno spazio di documentazione del mondo irreale e assurdo in cui un soggetto disgregato ma vitale cerca ancora caparbiamente di trovare espressione e gioia di vivere.

2. I mostri a basso costo e la miseria della filosofia

Nel 1968 Zappa pubblicò la fantasmagoria doo-wop di *Ruben & The Jets*, un tentativo di commemorare la "cretina semplicità" degli anni '50, mentre le barricate parigine erano ancora in fiamme. Ad ogni modo, il doo-wop non fu l'unico aspetto di quell'epoca che lo appassionò. L'altra sua grande passione furono i film di mostri che celebrò esplicitamente nell'album *Roxy & Elsewhere* con la canzone "Cheepnis" (mediocrità). Nell'introduzione alla canzone Zappa dice: "La mediocrità nel caso di un film di mostri non ha nulla a che vedere con il budget del film – benché aiuti. La vera mediocrità è esemplificata da fili di nylon ben visibili attaccati alla mandibola del ragno gigante".[1] Questo rivela un aspetto centrale di tutta l'opera zappiana. La canzone stessa è un tributo all'aroma casareccio dei b-movies di cui Zappa fu spettatore durante l'adolescenza. "Riuscite a vederli adesso? I piccoli fili sul ragno gigante? La zip dalla Laguna Nera?".[2] È come se Zappa fosse interessato esclusivamente alla capacità degli spettatori di scoprire le magagne tecniche di questi film e di riderci sopra. Zappa arriva addirittura a dire che "questo è tutto quello che vuole sapere" di questi film. È come attratto dalla loro innocente falsità, dal modo in cui i limiti tecnici hanno un effetto straniante, brechtiano sul pubblico. La zip dalla Laguna Nera produce una crepa indesiderata nella sfera cristallina della rappresentazione estetica, ne provoca il collasso improvviso.

L'album *Sleep Dirt* comprendeva canzoni dal musical fantascientifico *Hunchentoot*, apparentemente una mutazione incrociata tra l'attacco alle canzoni d'amore portato in Ruben e la debolezza zappiana per i b-movies. In "Flambay", che sviluppa la storia d'amore di *Uncle Meat* tra la ragazza e il mostro (anche se qui il personaggio femminile finisce per manipolare quest'ultimo), leggiamo i versi:

---

[1] F. Zappa, 'Cheepnis', *Roxy & Elsewhere*, 1974.
[2] Ibid.

Io sto qui
Tutta sola
La scema di un ragno (*a spider's fool*)
...
E avremo estasi
Per tutta l'eternità! [1]

Benché il finale della canzone sia un campionario di *cliché* da *love song*, la satira zappiana qui funziona combinando l'iperbole retorica con un'immaginaria relazione d'amore aliena. Lo stesso atteggiamento critico rispetto all'espressione falsa e a buon mercato si trova nel titolo stesso di un altro brano dell'album: "Ragno del destino". Di fatto, parole pretenziose come "estasi" e "eternità" possiedono un involontario effetto comico anche nelle cosiddette canzoni d'amore "serie". L'esagerazione è la cartina di tornasole della falsità interessata, la mano sudata del mercante avido. La facciata variopinta è il belletto che ricopre lo squallore, per questo è essa stessa squallida. I fili di nylon dei b-movies, al pari delle cascate d'archi di "Smoke Gets In Your Eyes", sono trucchi a buon mercato per coprire le magagne di una vergognosa mancanza di sostanza. Ma i primi sono tentativi poveri di elevarsi al di sopra della propria condizione che hanno dalla loro la forza della disperazione, imitazioni dozzinali di profumi di marca il cui olezzo insopportabile dice la verità sullo Chanel. Dopo la Rivoluzione Francese la bellezza è divenuta sospetta al popolo che non se la può permettere. Alban Berg era solito dire che "la bellezza è quando non si vedono più la colla e i chiodi". Aveva ragione. Ma Zappa aveva ancora più ragione quando osservava che, proprio per questo, "la bellezza è una menzogna".[2] I fili di nylon sono la sostanza stessa dell'industria culturale, il suo materiale base. Quando riesci a vedere attraverso di essa, quando arrivi a percepire i fili di nylon, perdi la bellezza, ma probabilmente ti stai avvicinando alla verità dietro la bugia.

---

[1] F. Zappa, 'Flambay', *Sleep Dirt*, 1978.
[2] F. Zappa, 'Beauty Is A Lie', *You Are What You Is*, 1981.

Nel 1961, scrivendo in difesa dell'anti-soggettivismo della musica contemporanea, Theodor W. Adorno affermò che era un compito centrale dell'arte critica quello di farla finita con il soggetto "fasullo".[1] Tutto ciò che in musica puzzava di comunicazione, vicinanza, immediatezza era una parodia dell'umano e come tale andava bandita (si badi bene: ciò che "puzzava" di vicinanza e immediatezza, non la vicinanza e l'immediatezza vera, se mai è ancora possibile nell'avanguardia). Certo, Zappa compose musica in cui l'uso ironico – tipicamente modernista – dei *cliché* cerca di ristabilire una traccia di autenticità all'interno della cultura di massa. La parodia della falsa umanità come estremo, umanistico, tentativo di salvarne l'autenticità perduta. A differenza, tuttavia, di certo modernismo elitario (e di tutto il facile populismo postmoderno), Zappa fu capace di vedere la natura doppia, dialettica, dell'industria culturale e, pertanto, il suo approccio alla cultura di massa non può essere descritto in termini di mera "satura" o di "uso intelligente" di forme culturali degenerate. Una simile satira lavora a livello cosciente, è un tentativo "intelligente" di difesa contro lo "stupido" indottrinamento dell'industria culturale: proprio per il suo atteggiamento censorio e moralista non può avere un potere liberatorio. Zappa non usa lo humour, piuttosto lascia il riso esplodere impazientemente nella sua musica. Zappa cerca costantemente di vedere il re nudo, di scoprire il riso laddove non dovrebbe essere (e, poiché crede che la stupidità è l'elemento base dell'universo, la cosa gli riesce abbastanza facile). Da questo punto di vista, anche gli "originali" su cui si impunterebbe la satira zappiana, non possono essere presi sul serio. Sono come parodie di sé stessi.

Zappa ha descritto quest'esperienza cruciale già in *Rubens,* ma ne ha dato una rappresentazione vertiginosa e allucinatoria in "Cheepnis". Il narratore della canzone descrive l'attacco del mostro (un cane barbone gigante, *a Poddle dog*) alla città con queste parole: "il cane barbone sta sradicando gli alberi come se fos-

---

[1] Th. W. Adorno, "Vers une musique informelle", in Id., *Gesammelte Schriften* (GS), Suhrkamp, Frankfurt a.M. 1997, vol. XVI, p. 502.

sero bonsai su un paesaggio ondulato in miniatura!".[1] Questo è esattamente ciò che accade nel *making* di un film di mostri, salvo che talvolta il budget limitato rende difficile distinguere il *making* dal risultato finale. Al limite uno potrebbe dire una frase del genere nella realtà, se mai dovesse davvero incontrare una Strega alta 15 piedi sull'autostrada.[2] Ma ai personaggi nei film di mostri, di solito, esclamazioni del genere sono interdette, perché rivelerebbero pateticamente il trucco che sta dietro la scena e rovinerebbero i *cheap thrills* in platea. Il trucco va tenuto nascosto, segna il limite tra finzione e realtà che non può essere verbalmente tradotto sullo schermo, pena l'annullamento dell'incanto su cui si regge buona parte della fortuna del cinema. È esattamente quest'ambivalenza nel rapporto tra finzione e realtà che eccita la fantasia di Zappa e gli fa adorare i film di serie b. È ovvio che quelli non sono veri alberi e si capisce che il mostro si è messo la maschera due minuti prima di girare la scena "paurosa". Ciò sta ad indicare soltanto che i film a basso costo ti implorano di dar loro una chance e di essere presi sul serio, perché non possono rapirti (leggi: stordirti) con gli effetti speciali. Devi partecipare per renderli veri, altrimenti il mostro non può che sembrarti "un cono gelato rovesciato".[3]

Ora, se guardiamo l'industria culturale dalla prospettiva che ci offrono i b-movies, riusciamo a vedere attraverso i suoi ingranaggi. Non è infatti lo stesso anche per le produzioni milionarie? Non è la struttura emozionale della standardizzazione e della riproducibilità tecnica, quella di chiederti di scambiare la rappresentazione per il reale, di cedere un po' (solo per un po') la tua veglia all'industria e farti cullare dai suoi prodotti? I film di serie B smascherano l'investimento libidico su cui fa leva l'industria

---

[1] F. Zappa, 'Cheepnis', cit.

[2] Dopo ciò, le macchine probabilmente "si schianterebbero tutt'intorno perché la gente con la camicia hawaiana guarderebbe su per vederla in faccia". F. Zappa, 'Drowing Witch', *Ship Arriving To Late To Save A Drowing Witch*, 1982. Dopo tutto, la realtà è molto più stupida della sua pallida copia cinematografica.

[3] È la descrizione che Zappa dà del mostro in *It conquered the World* di Corman. F. Zappa, 'Cheepnis', cit.

culturale per fornire ai propri prodotti in serie l'aura dell'evento, dell'unicità e della realtà. Ma se la libido del pubblico diventa essa stessa parte dell'industria – come Adorno e Horkheimer riconobbero nella *Dialettica dell'illuminismo*[1] – la mediocrità (*cheepnis*) dei film di serie B apre una falla di volgarità nell'ingranaggio e fa saltare – anche se solo temporaneamente – la circolarità perfetta che l'industria ha imposto tra produzione di merci e consumo di esse. L'industria produce non solo merci, ma gli stessi bisogni che la tengono in vita. Come un vampiro, si ciba degli istinti e delle emozioni che ha indotto nel pubblico. Zappa ebbe sempre ben chiaro il fatto che il capitalismo moderno si basa essenzialmente sull'amministrazione del desiderio e capì che l'unico modo per far perdere l'*aplomb* a questa *belle dame sans merci* era farla sganasciare dalle risate finché non mostrava il suo vero volto. In tal modo la sua musica – per quanto esilarante – assomiglia da vicino al cupo realismo con cui Adorno descrisse la manipolazione di massa. Il pessimismo zappiano che riduce l'uomo a macchietta impotente di forze più grandi di lui esprime la coscienza ferma di comprendere il funzionamento del capitalismo per poterlo sconfiggere, non il triste e impotente lamento del disadattato che ha già rinunciato alla lotta perché *it's all over now, baby blu*. Al contrario, tutta l'opera di Zappa è un tentativo di rendere l'ascoltatore consapevole del proprio investimento libidico nel macchinario produttivo.[2]

Tuttavia è importante sottolineare come non sia ciò che Zappa dice esplicitamente nelle sue canzoni quello che conta, quanto il modo in cui la sua musica interagisce col nostro incon-

---

[1] "L'atteggiamento del pubblico che inequivocabilmente ed effettivamente favorisce il sistema dell'industria culturale, è parte del sistema stesso e non lo scusa affatto". Th. W. Adorno – M. Horkheimer, *Dialektik der Aufklärung*, in GS, vol. 3, p. 143.

[2] "La gente di solito è consapevole del fatto che le mani del governo finiscono nelle loro tasche; ma di solito non sono altrettanto coscienti del fatto che le mani del governo cerca di impadronirsi di altre zone erogene del loro corpo o che cerca di chiuder loro gli occhi". in M. Gray, *Mother! Is The Story Of Frank Zappa*, Proteus Book, London/NY 1985, p. 152.

scio, il modo in cui riesce a produrre attività, lavoro da parte dell'ascoltatore. È a questo livello che si inserisce la sua predilezione per il ripugnante. Se la bellezza è diventato il marchio di fabbrica dell'oppressione e dell'ordine, la deformità è la premonizione estetica della rivoluzione sociale. La parola latina *monstrum* indicava originariamente la "meraviglia", non meno che la "forma orribile". La mostruosità sotto il capitalismo obbedisce quindi ad una logica invertita, è la vera e propria logica della sua disgregazione (*Logik des Zerfalls*[1]) e un modo di nominare l'utopia. Il pensiero critico e l'azione rivoluzionaria non possono quindi farne a meno, devono fare propria la bandiera della mostruosità (il rovesciamento polemico della manipolazione hollywoodiana) invece che ritirarsi in un'elitaria – quanto inutile – paranoia depressiva. La battaglia per un mondo diverso è una battaglia per l'inconscio e questo Zappa, il pessimista Zappa, lo aveva capito benissimo. Il pensatore critico che non vuole saperne del mostro che si porta dentro non si sta solo facendo illusioni su di sé, si sta anche privando delle proprie meraviglie più riposte. Da parte sua, Zappa, ci offre una splendida descrizione della triste impotenza del teorico elitario e schizzinoso che non è in grado di sentirsi parte dell'oggetto che teorizza, ma si limita a osservarlo allarmato da lontano. In *Uncle Meat*, Don Preston è preoccupato dal bizzarro amore di Phyllis per il mostro, e si lancia in improbabili interpretazioni psicoanalitiche, cercando l'origine del suo atteggiamento di simpatia per i mostri in qualche trauma della sua infanzia: "deve essere accaduto che sua madre e suo padre le hanno probabilmente detto che lei è davvero brutta, maldestra e stupida e cose così...e perciò lei ora riesce a relazionarsi solo con gente brutta, maldestra e stupida". Poi, pensando a quanto l'amore per i mostri sia un fatto generazionale, Don è condotto verso considerazioni di ordine sociologico, non meno allarmate: "Don: E i giovani di questa società oggi vanno a vedere tutti questi film di mostri e li vedono alla te-

---

[1] Th. W. Adorno, *Negative Dialektik*, GS, vol. 6, pp. 148-149.

levisione notte dopo notte (Phyllis: è grandioso stare con un mostro!) Don: Stiamo crescendo una generazione che ama i mostri".[1]

Di fatto, delle vere (e molto più ciniche) spiegazioni sociologiche del fenomeno erano state offerte anni addietro da Adorno stesso. Come scrisse nei *Minima moralia*, quelle creature gigantesche erano "proiezioni collettive del mostruoso stato totale. La gente si prepara ai suoi orrori familiarizzandosi con immagini giganti. Nella sua assurda prontezza ad accettarle, un'umanità prostrata impotentemente cerca in modo disperato di assimilare l'esperienza di ciò che sfugge ad ogni esperienza".[2] Il desiderio del pubblico di vedere quelle creature preistoriche di nuovo in azione, rivela la speranza segreta "che la creazione animale possa sopravvivere all'ingiustizia che l'uomo ha perpetrato su di essa e produrre una specie migliore che possa finalmente farcela".[3] Queste intuizioni di Adorno si avvicinano molto a quelle dell'artista giapponese Go Nagai – anch'egli, come Zappa, ispirato dalla fantascienza degli anni 50. Nelle storie di Nagai, il pianeta terra viene attaccato da mostri che incarnano la rivolta della natura repressa contro la cultura.[4] Nel suo modo ellittico di alludere alla nostra origine chimica, "The Ocean Is The Ultimate Solution", ci presenta attraverso lo sterminio della razza umana un'immagine negativa della redenzione. Analogamente, la connessione tra la paura dell'alterità e il desiderio nascosto di autodistruzione, viene immortalata nel climax di "Spider Of Destiny":

> Mangia la gente della Terra!
> Mangiala e masticala e salta
> Brutalmente su ciò che ne rimane!
> E poi torna da me a fare rapporto
> Per la conquista della Terra
> (della Luna e delle stelle)

---

[1] F. Zappa, 'Uncle Meat Film Excerpt Part I', *Uncle Meat*, 1969.
[2] Th. W. Adorno, *Minima Moralia*, aforisma 74, 'Mammut'.
[3] Ibid.
[4] Vedi "*Ecce Robot*: Come si filosofa con i pugni atomici", in questo stesso volume.

E lo spazio che c'è in mezzo
Tutte le stelle e la roba
Sarà nostra![1]

Qui Drakma mostra in azione la meccanica interna del pensiero identitario: la semplice idea dell'alterità genera il desiderio di distruggerla, perché l'identità può trovare soddisfazione solo nel raggiungimento del suo fine totalitario, soddisfacendo la propria richiesta di assolutezza e l'annullamento di ogni residuo estraneo. Non deve esserci nessun "fuori" affinché il pensiero identitario possa mettere in atto il proprio "movimento circolare".[2] Sotto tale rispetto, i film di mostri rappresentano davvero una sorta di mitologia di seconda mano che articola – come ogni mitologia che si rispetti – la dialettica di paura e desiderio.

Proviamo ora a mettere in relazione l'immaginario che ruota attorno a "Cheepnis" con la ruotine del sofà e la personalissima teologia zappiana di *One Size Fits All*.[3] Il concetto di *outer space* si trova collegato – attraverso i concetti di nulla, vuoto e annichilimento – con l'idea della vuotezza (*emptiness*), un altro elemento centrale per la continuità concettuale zappiana fin dall'epoca di *Freak Out!*. La "vuotezza" attaccata in canzoni come 'Hungry Freaks, Daddy', 'Baby Snakes', 'Beautiful guy' e 'We're Turning Again' rappresenta chiaramente la vaporizzazione intellettuale e morale della cultura americana. Implica l'idea di qualcosa che è stato svuotato, così come il *vacuum cleaner* è l'archetipo

---

[1] F. Zappa, 'Spider of Destiny', *Sleep Dirt*, 1979.

[2] F. Zappa, 'Nanook Rubs It', *Apotrophe* ('), 1974.

[3] Benché io sia convinto che la continuità concettuale non possa essere compresa appieno se si è troppo ossessionati da ciò che Zappa "voleva dire veramente", ci sono numerosi indizi nell'opera zappiana che collegano la mostruosità e i b-movies con le canzoni cosmologiche costruite attorno a "Sofa". Ad esempio "Time Is Money" (dove Drakma canta i propri desideri di conquista ai terrestri sul proprio divano-nel-cielo), "The Radio Is Broken" (dove si fa riferimento a dwarf-nebula) o nel progetto abortito di un film che doveva narrare sia la storia di Dio, della sua fidanzata e del Maiale Magico, che la storia di Billy The Mountain.

della forza drenante che ne ha provocato lo svuotamento e il collasso. Ma è con "Sofa", tuttavia, che la vuotezza viene attaccata come illusione cosmologica e l'indignazione morale di Zappa acquista tutto il suo spessore materialista. Nel romanzo di Philip Dick *L'occhio nel cielo*, Dio è rappresentato come un occhio gigante posto al centro di un sistema tolemaico, in accordo ad una visione prodotta dalla mente distorta di un fanatico religioso. In modo più buffo, ma non meno stringente, la speculazione zappiana sul divano di Dio è una critica all'idealismo condotta a partire dalla convinzione che l'inversione religiosa del rapporto tra materia e spirito – cioè l'idea che la materia sia un prodotto dell'attività spirituale – è la perversione ontologica della verità. Una menzogna.

Mettendo un sofà – un manufatto, il simbolo stesso dell'intimità borghese – nel mezzo di un nulla primordiale è un abile modo di porre l'accento sull'esistenza reale del pensatore che sta dietro ogni speculazione metafisica. Il nulla in cui galleggia il divano di Zappa non è affatto un'idea innata o naturale, ma un concetto fabbricato dalla mente umana – non meno del sofà. Non è altro, in effetti, che la persistente, attiva, negazione del mondo sensibile. Benché il Buddismo Zen possa averlo spinto ad abbandonare il Cattolicesimo[1], Zappa fu sempre consapevole di come questo nulla repressivo e anti-sensibile sia un elemento essenziale della religione, anche se questa non contempla fra i propri dogmi la creazione *ex nihilo*. A ragione William Blake definì questo vuoto primordiale nel suo libro profetico *Urizen* "sconosciuto, non prolifico, chiuso in sé, allontanante tutto: quale demone ha formato questo abominevole vuoto, questo niente che fa tremare l'animo?".[2] Ben Watson ha chiarito in modo molto efficace come

---

[1] M. Gray, cit., p. 24.

[2] W. Blake, *The Book Of Urizen*, in *Poesie*, Newton & Compton, Roma 1991, p. 117. La visione di Blake ribolle di "schiume sulfuree" e liquidi ignobili, richiamando molto da vicino l'immaginario zappiano. Per un analisi dell'apostrofo e dello zero come immagini della mancanza e dell'assenza vedi B. Watson, *Frank Zappa's Negative Dialectic of Poodle Play*, St. Martin's Griffin, NY 1993, cit., pp. 253-259. Un altro interessante variazione sul tema del "nulla" l'ha data John Lydon: 'nothing, a

"Sofa" – la cui versione cantata ha un testo tedesco – funzioni alla perfezione come critica dell'idealismo di Fichte, Schelling e Hegel.[1] È precisamente l'assurdo collegamento tra questo astratto "vuoto" e la banalità dell'oggetto-sofà che fornisce alla canzone di Zappa il suo effetto critico. È interessante fare un paragone con la *Scienza della logica* di Hegel che, come noto, potrebbe anche essere descritta come una stenografia dei pensieri di Dio prima della creazione. Nel suo tentativo di mostrare come la realtà sia una conseguenza dell'attività spirituale divina, Hegel inizia la sua trattazione della logica con il vuoto assoluto, cercando di giungere alla determinazione delle cose solide attraverso un metodo concettuale noto come "dialettica speculativa". L'inizio stesso della *Logica* hegeliana ci presenta l'idea di un puro Essere che si rivela presto essere un concetto vuoto, indeterminato: indistinguibile, cioè, dal Nulla. Da parte sua, il puro Nulla "è semplice eguaglianza con sé, completa vuotezza, assenza di ogni determinazione e contenuto [...] esso contiene, perciò, la stessa determinazione – o, piuttosto, assenza di determinazione – ed è perciò uguale al puro Essere".[2] Questo rovesciamento dialettico di puro Essere e puro Nulla costituisce, di fatto, un attacco all'idea stessa di "purezza" e di "immediatezza", così come all'idea di "inizio". Ecco perché Marx poté, nei suoi *Manoscritti economico-filosofici del 1844*, tradurre questo argomento hegeliano in una confutazione tanto dell'astrazione filosofica quanto della necessità della creazione divina:

> Quando ti interroghi sulla "creazione" della natura e dell'uomo, facendo così astrai tanto dall'uomo quanto dalla natura. Li postuli come inesistenti e tuttavia vuoi che io te ne provi

---

void, zilch, zero, nought, nothing, vacuum'. PIL, 'Fodderstompf', *Public Image Limited – First Issue*, 1979.

[1] Cfr. B. Watson, *Poodle Play*, pp. 261-271 and B. Watson, "Phänomenologie des One Size Fits All: Georg Wilhelm Friedrich Hegel und Frank Zappa'" una relazione tenuta allo *Zappanale #14*, Kamptheater, Bad Doberan, 25 Luglio 2003.

[2] G. W. F. Hegel, *Scienza della logica*, Laterza, Roma-Bari, §§ 132-133.

l'esistenza. Ora io ti dico: abbandona la tua astrazione e dovrai abbandonare anche la tua domanda. Oppure, se vuoi tener ferma la tua astrazione, allora sii conseguente e se pensi l'uomo e la natura come inesistenti, allora pensa anche te stesso come inesistente, perché anche tu sei senz'altro uomo e natura. Non pensare, non interrogarmi, perché nel momento stesso in cui pensi e interroghi, la tua astrazione dall'esistenza della natura e dell'uomo perde significato. Oppure sei un tale egoista che pretendi di pensare tutto come un nulla eppure vuoi continuare a esistere?[1]

L'argomento hegeliano contro l'astrazione si rivela quindi un boomerang per l'idealismo, poiché finisce per torcersi contro l'idea che il mondo possa essere compreso attraverso un graduale svolgimento del pensiero, che la sua struttura possa essere svelata dal solo pensiero. Questa consapevolezza condusse alle famose *Tesi su Feuerbach*, dove Marx sostiene che il pensiero filosofico non è in grado di provare la realtà dei propri concetti senza passare per il banco di prova della prassi politica, senza, cioè, realizzare, attualizzare le proprie idee. L'undicesima tesi su Feuerbach ("finora i filosofi hanno solo interpretato il mondo, ora si tratta di trasformarlo") viene generalmente fraintesa e banalizzata nel senso di un banale pragmatismo, benché il marxismo non sia altro che la dimostrazione pratica dell'errore teorico fondamentale dell'idealismo. Fu Adorno che in seguito chiarì la differenza tra la genuina teoria marxista e il pragmatismo repressivo del Diamat staliniano. Adorno corresse l'errore metodologico di Hegel, suggerendo che la dialettica dovrebbe porre all'inizio la "cosa" già nella sua turgidezza e oscurità, piuttosto che il puro, cristallino Essere, altrimenti il pensiero interpreterebbe il mondo in partenza come prodotto della soggettività, prima ancora di iniziare a pensarlo.[2] Questa è la differenza essenziale tra idealismo e materialismo: non ci può essere determinazione, concretezza, realtà senza la posizio-

---

[1] K. Marx, *Manoscritti economico-filosofici del 1844*, , Einaudi, Torino 1968[2] , par. "Proprietà privata e comunismo", 5.
[2] Th. W. Adorno, *Negative Dialektik*, cit., p. 139.

ne di un mondo materiale, già esistente. Il concreto è già sempre là e ogni tentativo di tuffarsi nella pura origine del mondo è un celato tentativo di negarne l'esistenza. Adorno imparò questa lezione da Marx e riconobbe, conseguentemente, la miseria della filosofia, il suo disperato tentativo di afferrare il "mondo" come fosse una categoria logica di cui essa può disporre.

> C'è forse da sorprendersi se tutto dal punto di vista dell'astrazione [...] si presenta come mera categoria logica? C'è forse da sorprendersi se, lasciando cadere a una a una tutto ciò che costituisce l'individualità di una casa, lasciando cadere, anzitutto, i materiali di cui è composta, poi la forma che la distingue si finisce col non avere nient'altro che un corpo; che, se si lasciano cadere i limiti di questo corpo, si finisce col non avere nient'altro che uno spazio – che se, infine, non si tiene più conto delle dimensioni di questo spazio non rimane assolutamente nient'altro che la pura quantità, la categoria logica?[1]

Marx se la rideva di quei "metafisici che [...] più si allontanano dalle cose, più immagino di avvicinarsi al punto in cui ne penetrano la profonda natura".[2] Al contrario, più l'astrazione filosofica pretende di scoprire l'essenza, più si trova a scivolare sulla superficie del mondo, incapace di vedere i processi reali che lo costituiscono. Avendo concepito il mondo *ab initio* come un prodotto dell'astrazione logica, non è un mistero che il pensiero trovi infinita soddisfazione nel pensare se stesso, come suggerito dalla *Metafisica* di Aristotele.[3] Ecco perché "l'uomo del mistero" vuole farci "raggiungere il Nirvana stanotte"[4]: "non è davvero fatto per stare

---

[1] K. Marx, *Miseria della filosofia*, Editori riuniti, Roma 1993, par. "La metafisica dell'economia politica", I osservazione.
[2] Ibid.
[3] Aristotele, *Metafisica*, L7, 1072 b 18 – b 30 che Hegel pose a conclusione della sua *Enciclopedia delle scienze filosofiche*, §577.
[4] F. Zappa, 'Cosmik Debris' *Apostrophe* ('), 1974.

fuori in strada".[1] L'astrazione filosofica trova il proprio compendio e la propria realizzazione storica nell'inanità interessata della borghesia, come Blake intuì bene nella poesia L'astrazione umana.[2]

Se il vuoto non è uno spazio neutrale, quanto piuttosto una negazione ontologica della realtà, così l'immobilità non è una scelta morale neutra, quanto piuttosto una negazione politica della prassi umana. Il materialismo è la negazione dell'idealismo, che, da parte sua, è negazione del mondo camuffata da osservazione scientifica e distaccata delle cose. Ecco perché il materialismo, essendo la negazione di questa negazione, ha un tratto affermativo, pratico. Da ciò segue che l'attività intellettuale non è né un fine in sé stessa, né quella sorta di origine crepuscolare e imprendibile in cui si aggira senza posa la fenomenologia. Una volta conscio di ciò, il pensiero critico non ha paura di trovarsi sempre *in medias res* (per dirla con Benjamin) con un mondo che è già là, che sta già avvenendo quando il pensiero comincia ad occuparsi di esso. Il marchio di fabbrica del materialismo è il suo costante trovarsi buttato nella corrente del mondo, il suo stare tra. "Se sei stato mod-Oficato, è un'illusione e ti trovi ancora in mezzo".[3] L'inizio assoluto" è stupido e kitsch (*absolute beginners*). La "fine di tutto ciò che è" è una bella amica, e perciò, una menzogna. Invece, la musica di Zappa non conosce né inizio né fine, musicalmente parlando, ma possiede la forza del divenire, dello sviluppo e della speranza.

---

[1] F. Zappa, 'Yo Mama', *Sheik Yerbouti*, 1979. 'Pojama People' and 'Muffin Man' sono altri buoni esempi di atarassia congenita.

[2] "Non ci sarebbe più la Pietà/ se non rendessimo Povero qualcuno/ e la compassione non potrebbe più esserci/ se fossero tutti felici come noi./ Ed il mutuo timore porta pace/ finché gli egoistici amori crescono:/ allora la Crudeltà intreccia una trappola/ e dispone le sue esche con cura/ […] Presto si spiega la cupa ombra/ del Mistero sulla sua testa/ ed il Verme e la Mosca si nutrono del Mistero./ […] Gli Dei della terra e del mare/ hanno cercato per tutta la Natura quest'Albero/ ma tutta la loro ricerca è stata in vano; / ne cresce uno nel Cervello Umano". W. Blake, 'L'astrazione umana', in *Poesie*, cit., p. 82-83.

[3] F. Zappa, 'A Token Of My Extreme', *Joe's Garage*, 1979.

È materialismo e azione in ogni sua più piccola componente. Come la teoria di Darwin, la satira zappiana rovina i party spensierati della gente bene che sogna l'immortalità, non il desiderio di rivolta e di cambiamento degli oppressi. Anche la teoria darwiniana era materialista e dialettica, perché rendeva possibile pensare l'ordine e la complessità del mondo – che fino ad allora erano considerati innegabili effetti di un intervento divino – come il risultato dell'attività di una materia inconscia e automoventesi.

La contingenza della specie umana può essere fonte di disperazione e inanità solo per quelli che non riescono a vivere il proprio presente. In realtà, sono spaventati dall'idea stessa della contingenza, piuttosto che dal dover ammettere che l'uomo è un "rifiuto cosmico".[1] Costoro pretendono che il mondo abbia un significato, in modo da poterlo contemplare dall'esterno e gioire della sua bellezza. Non vogliono che gli si ricordi che è un gran casino e che è "brutto come il peccato"[2], perché altrimenti ci sarebbe ancora qualcosa da fare. "Stanno immobili. Tacciono. Poi non fanno niente là fuori nel nulla".[3] È la gente che viene dal nulla. Noi, per fortuna, le scimmie discese da utopia.

---

[1] F. Zappa, 'Cosmik Debris', cit.
[2] F. Zappa, 'The Mammy Nuns', *Thing-Fish*, 1984.
[3] F. Zappa, 'I Come From Nowhere', *Ship Arrving To Late To Save A Drowning Witch*, 1982.